219

Merve
Verlag

François Jullien
Über das Fade – eine Eloge
Zu Denken und Ästhetik in China

Aus dem Französischen
von Andreas Hiepko und Joachim Kurtz

Merve Verlag Berlin

Originaltitel *Éloge de la fadeur.*
À partir de la pensée et de l'esthétique de la Chine
Éditions Philippe Picquier, Arles 1991

Veröffentlicht mit Unterstützung des
Ministère français chargé de la Culture

Die Deutsche Bibliothek - CIP-Einheitsaufnahme

Jullien, François:
Über das Fade - eine Eloge : zu Denken und Ästhetik in China /
François Jullien. Aus dem Franz. von Andreas Hiepko
und Joachim Kurtz. -
Berlin : Merve-Verl., 1999
(Internationaler Merve-Diskurs ; 219)
Einheitssacht.: Éloge de la fadeur <dt.>
ISBN 3-88396-151-5

Inhalt

Vorwort 9

1. Vorzeichenwechsel 13
2. Landschaft der Fadheit 24
3. Fadheit-Loslösung 31
4. Der Sinn für das Neutrale 39
5. Die Fadheit in Gesellschaft 49
6. Fadheit und Flachheit des Charakters 55
7. „Nachklang" und „Nachgeschmack" 65
8. Die stille Musik 70
9. Fadheit des Klangs 85
10. Die Fadheit wechselt das Vorzeichen
    in der Literatur 94
11. Die Lehre der Fadheit 110
12. Geschmack jenseits des Geschmacks,
    Landschaft jenseits der Landschaft 121
13. „Rand" und „Mitte" der Fadheit 143
14. Fadheit oder Kraft 154
15. Die „Transzendenz" ist natürlich 173

Anmerkungen 181
Glossar 188

*Wenn das Tao durch unseren Mund geht,
ist es fade und ohne Geschmack.*
Laozi

*Das Tao des Edlen ist fade,
und doch wird man seiner nicht satt.*
Zhongyong

Vorwort

Kaum glaubt man, den Gegenstandsbereich der Fadheit abgesteckt zu haben, entfaltet sie sich auch schon in eine andere Richtung, nimmt einen anderen Sinn an. Den Grenzziehungen, die die verschiedenen Wissensbereiche voneinander trennen, begegnet sie grundsätzlich mit Gleichgültigkeit: denn die Fadheit ist der Wert des Neutralen, der allen Möglichkeiten vorausgeht und sie miteinander verbindet.

Nach Art des faden Geschmacks, dessen Vorzug es ist, nicht genauer bestimmt werden zu können und somit immer wandlungsfähig zu bleiben, erneuert sich in der chinesischen Kultur das Motiv der Fadheit, ohne sich auf einen Bereich einschränken zu lassen: es profitiert von den Beiträgen aller Schulen (Konfuzianismus – Taoismus – Buddhismus); es beschwört ein Ideal, das den verschiedenen Künsten gemeinsam ist: der Musik, der Malerei und der Dichtung.

Will man die „Fadheit" beschwören, deren einzige Eigenschaft darin besteht, sich keine Eigenschaften zuschreiben zu lassen, immer diskret und zurückhaltend zu bleiben, muß man sich natürlich davor hüten, sie mit allem Nachdruck behandeln zu wollen. Deshalb habe ich auch davon Abstand genommen, aus dieser Einsicht einen Ge-

genstand des reinen Wissens zu machen und die Hinweise auf Quellen und Belegstellen beiseite gelassen (in den Randglossen und Anmerkungen). Doch eine solche Auslassung bedeutet keinesfalls zu vereinfachen (denn hier gibt es nichts zu vereinfachen: vielmehr ist gerade die Einfachheit der Dinge am schwersten zu sagen). Wir leben in einer Zeit der Standardisierung, eines „zapping" zwischen den Kulturen und der „digests". Nun verliert sich aber jeglicher Sinn, wenn man seinem historisch einzigartigen Fortgang nicht mit einer gewissen Ausdauer folgt.

Daher mein Wunsch, daß der Leser mit den Beispielen und Texten auf Fühlung gehen könne: damit er, sich selbst überlassen, begreifen kann, was ein fader Klang, ein fader Sinn, ein fades Bild ist; daß er jedoch auch aus einem größtmöglichen Abstand heraus dazu befähigt bleibt, diese Erfahrung zu interpretieren: durch eine interkulturelle Perspektivierung und indem er die Elemente eines Vergleichs allmählich herausarbeitet.

Vor nunmehr einem Jahrzehnt bin ich erstmals, im engen Rahmen eines Unterkapitels meiner Doktorarbeit, dieser Frage nachgegangen. Mittlerweile halte ich sie für wesentlich wichtiger, zumal sie sich auf viele andere Bereiche ausgedehnt hat. In China wird man nicht müde zu wiederholen, daß zwar „alle Welt fähig ist, die unterschiedlichen Geschmäcke zu unterscheiden", die Geschmacklosigkeit „der Mitte" (oder des „Tao") jedoch, „am schwierigsten zu würdigen" ist. Und doch gewinnt sie unablässig an Wert.

So habe auch ich darangemacht, alles noch einmal umzuschreiben.

Wenn die verschiedenen Geschmäcke aufhören, sich einander entgegenzusetzen und in der Fülle *verschlossen* bleiben, dann besteht der Wert der Fadheit darin, daß sie uns Zugang zum ungeteilten Grund der Dinge gewährt; ihre Neutralität drückt das inhärente Vermögen der *Mitte* aus. In diesem Stadium ist das Reale nicht mehr in einseitigen und allzu auffallenden Manifestationen „blockiert"; das Konkrete wird diskret, es öffnet sich der Veränderung.

Die Fadheit der Dinge ruft zu innerer Loslösung auf. Aber sie ist auch eine Tugend, namentlich in den Beziehungen zu anderen, weil sie das Unterpfand der Authentizität ist; und sie soll auch der Persönlichkeit zugrundeliegen, da sie allein es ermöglicht, zu allem gleichermaßen befähigt zu sein und bei jeder Gelegenheit die erforderlichen Fähigkeiten unter Beweis zu stellen.

Auf dem Gemeinplatz der Fadheit treffen und verstehen sich alle Strömungen des chinesischen Denkens: Konfuzianismus, Taoismus, Buddhismus. Diese Strömungen richten ihren Blick daher weder in abstrakter Weise auf theoretische Endgültigkeit noch auch auf eine gleichsam unaussprechliche, mystische Berufung. Und dennoch werden sie durch die Zurückhaltung und den Anspielungsreichtum der Künste Chinas – Malerei, Musik und Dichtung – offenbart.

Indem die Fadheit uns an die Grenze des Sinnlichen führt, dahin, wo dieses sich verwischt und ausgleicht, läßt sie uns das „Jenseits" spüren. Jedoch endet diese Überschreitung nicht in einer anderen, metaphysischen Welt, die von der Sinnlichkeit abgeschnitten wäre. Sie entfaltet lediglich

unsere eine (einzige) Welt – die freilich von ihrer Undurchschaubarkeit geläutert, wieder virtuell und verfügbar gemacht wird – zu endlosem Genuß.

1

Vorzeichenwechsel

Zunächst wird man es für ein Paradox halten: auf das Fade ein Lob anzustimmen, nicht die Würze, sondern das Geschmacklose zu schätzen, heißt unserem unmittelbarsten Urteil zuwiderlaufen. Gefallen daran finden, den gesunden Menschenverstand zu beleidigen. Nun wird aber in der chinesischen Kultur die Fadheit als eine Qualität angesehen. Mehr noch: als *die* Qualität, die Qualität der „Mitte" und des „Grundes" *(zhong, ben* [a]*)*. Dieses Motiv ist schon für das Denken des Altertums bedeutsam, das damit beschäftigt war, das Bild des Weisen zu zeichnen oder den Weg zu beschwören. Seither hat es die ästhetische Tradition Chinas befruchtet: nicht nur weil den Künsten, die sich in China entwickelt haben, eine solche Einsicht zugute kommt, sondern weil sie diese grundlegende Fadheit *wahrnehmbarer* machen können – es ihre Bestimmung ist, sie zu offenbaren: durch den

Klang, das Gedicht, die Malerei wird das Fade zur Erfahrung.

Wenn das, was wir für ein Paradox gehalten haben, sich in die Gewißheit verwandelt, daß der Wert der Fadheit in unseren Augen das Vorzeichen gewechselt hat, sind wir schlagartig der chinesischen Kultur um vieles nähergekommen, mit ihr vertrauter. Wenn wir sehen, wie sich – jenseits unserer ideologischen Automatismen, unserer kulturellen Konditionierungen – eine *mögliche* Positivität der Fadheit abzeichnet, haben wir China betreten. Zumindest aber sind wir mit dem Besten der chinesischen Kultur bekanntgeworden. Nicht mit dem Auffälligsten oder Ausgefallensten, sondern mit dem Einfachsten, dem Wesentlichsten.

Man erkennt also die Annehmlichkeit, durch die sich dieses Motiv auszeichnet. Der Vergleich geht keinesfalls von einer theoretischen Konstruktion aus, entsprechend den Vorstellungen, die wir uns, in mehr oder weniger komplexer Weise, voneinander machen, wie das „chinesische Denken" (in Bezug auf jene andere Seite, die wir im Blick haben: das „westliche Denken"). Hier funktioniert der Vergleich unmittelbar – innerlich. Es geht nur darum, im Innern unseres eigenen Urteils, jenen anderen möglichen Weg wahrzunehmen. Inwiefern ist er überhaupt „anders"? Je länger wir diesem Thema nachgehen, umso deutlicher wird, daß ein Motiv dieser Art, das zu Anfang so abwegig schien, im Grunde „natürlich" ist: längst in uns gegenwärtig war.

Von seiner China-Reise im Jahr 1974 hat Roland Barthes nur wenige Seiten mitgebracht (die später von Christian Bourgois unter dem provokanten Titel *Alors la Chine?* [1] veröffentlicht wurden). Man erinnere sich, in welchem Maße zur selben Zeit und mit derselben Ausrichtung die Begegnung mit Japan seine Lust an den Zeichen hatte erregen können; [2] diese wenigen Seiten jedoch künden einzig von seiner Zurückhaltung, seinem „Schweigen". Andere Zeichen oder eine andere „Hermeneutik" zu entdecken, bereitet ihm keine Lust. Die verschafft er sich, wenn er die Abwesenheit der Zeichen bemerkt und unsere Gier nach Sinn (wie er hervorhebt) *suspendiert*, aufgehoben sieht:

Wir lassen nun die symbolischen Turbulenzen hinter uns, wir landen in einem sehr weiten, sehr alten und sehr neuen Land, wo die Signifikanz so diskret ist, daß sie kaum noch auftritt. In diesem Augenblick eröffnet sich ein neues Feld: das der Feinheit, oder besser noch (ich wage, auch auf die Gefahr hin, es später wieder zurücknehmen zu müssen, dieses Wort zu gebrauchen): der Fadheit.

Die Art und Weise, in der hier *gewagt wird*, das Wort „Fadheit" auszusprechen, ist von einiger Bedeutung. Insofern sie nämlich darauf hinweist, daß man das Wort wählt, weil man es anderen, allgemeineren vorzieht und es im selben Moment schon wieder zurücknimmt und seine Vorläufigkeit betont. Roland Barthes reizt eine Umkehrung des Vorzeichens (die positive Fadheit), doch er wagt es nicht – schafft es nicht –, sie auch durchzuführen. Später verbessert er sich mit „einem angemesseneren Wort": „China ist friedlich." (Wie, zum Teufel, sollte das am Ende der Kulturrevolution möglich sein?) Sehr wahrscheinlich wußte Roland Barthes nichts von dem Motiv der Fadheit, wie es sich im Innersten der chinesischen Tradition entwickelt hatte. Doch er hat etwas wahrgenommen, das er im beschränkten Rahmen jener wenigen Seiten ehrgeizig als deren ausschließliches Thema entwickelt: China ist nicht „bunt", es ist „flach", es ist „blaß"; die Sprache bleibt hier „stumm", die „Freundlichkeit" „distanziert". Kurz, diesem Liebhaber der Rhetorik erscheint China wie „Prosa".

Liest man heute diese Seiten, so ist man überrascht: neben dem sehr Falschen, das sie enthalten, das der Autor überdies versucht, nicht zu sagen (fraglos, weil er genau spürt, daß es sich dabei seinerseits um ideologischen Konformismus handelt: die Voreingenommenheit eines „Links-Intellektuellen" für die Kulturrevolution), gibt es auch etwas sehr Richtiges, etwas, das empfunden wurde. Diese zweite Rede versucht, die erste soweit wie möglich zuzudecken, kann (darf!) es aber nicht völlig (daher auch immer wieder jene verhängnisvollen Ausrutscher in den Wendungen der Sätze: die Bewegung der politischen Verhärtung des *Pilin-pikong* „klingt" für unsere Ohren „wie ein lustiges Glöckchen"). „Etwas", das es verdiente, nicht nur ansatzweise empfunden zu werden, um sogleich der Lust an der Aneinanderreihung feststehender Wendungen überlassen zu werden, sondern das man zu verstehen wünschte – das erklärt werden muß.

Ich möchte, als gerades Gegenteil zu dieser Annäherungsweise, Hegel zitieren. In seinen *Vorlesungen über die Geschichte der Philosophie*[3] stellt er uns Konfuzius, der („unter den Chinesen") „den größten Ruhm der Philosophie" habe, als einen schlechteren Cicero vor. Die Unterredungen mit seinen Schülern beschränkten sich im wesentlichen auf moralische Lehren und „geschmacklose" Vorschriften: „Seine moralischen Lehren sind gut und brav, aber weiter auch nichts. Tiefe philosophische Untersuchungen dürfen wir da nicht erwarten." Und am allerwenigsten „Spekulatives". Aus seinen Belehrungen „ist für uns nichts zu gewinnen".

Mehr noch:

Cicero de officiis *ist vielleicht besser und interessanter für uns als alle Werke des Konfutse zusammen. Sie sind sehr weitläufig, wie unsere moralischen Predigtbücher...*

Schlußfolgerung: für den Ruhm des Weisen wäre es besser gewesen, „wenn seine Werke nicht übersetzt worden wären."

Gespräche
*des Konfuzius,
aufgezeichnet
von seinen Schü-
lern. Konfuzius
(-551 bis -479)*

Liest man die *Gespräche* des Konfuzius, wird man unschwer dessen gewahr, was als dermaßen „geschmacklos" (und zwar im negativen Sinn des Wortes) hat erscheinen können: eine theoretische Definition oder eine entwickelte Beweisführung sucht man vergebens – es wird kein Wissen errichtet. Nichts als kurze Anekdoten, knappe Antworten, vermischte Nachrichten, die sich aneinanderreihen:

Der Präfekt von She fragte Zilu, was Konfuzius für ein Mensch sei. Zilu gab jedoch keine Antwort. Der Meister sagte daraufhin zu Zilu: „Warum hast du nicht einfach gesagt: ‚Er ist ein Mensch, der in seinem Eifer zu begreifen das Essen und in seiner Freude, dies zu erreichen, die Sorgen vergißt, der nicht merkt, wie das Alter herankommt!'?"[4]

Die Glossen des maßgeblichsten chinesischen Kommentators (dem wir die umfassendste Synthese des chinesischen Denkens verdanken) geben Hinweise für die Lektüre einer solchen Passage. Läßt sich das Schweigen Zilus darauf zurückführen, daß er die Frage für unangebracht hält, oder fällt es ihm schwer, „mit Worten" auszudrücken, was die Tugend des Meisters ausmacht? In der Antwort, die Konfuzius vorschlägt, führt er sein Leben auf zwei Momente zurück: die Suche, die er so eifrig betreibt, daß er darüber jede andere Beschäftigung vergißt, selbst die, „sich zu ernähren", und die „Freude" (und zwar darüber, es erreicht, es gefunden zu haben), die so vollkommen ist, daß sie ihn jegliche „Sorge" vergessen läßt. Es fällt auf, daß der Gegenstand der Suche und folglich des Glücks nicht näher bezeichnet wird (es geht hier nicht oder nicht nur um ein Wissen – und wenn es das „absolute Wissen" wäre – noch auch um „etwas", das genau bestimmt werden könnte und sich als ein vom eigenen Fortgang abgetrenntes „Objekt" darstellte). Was zählt, ist die Abwechslung der beiden Momente – mehr noch: der beiden Bewegungen (des Strebens und der Selbstgenügsamkeit) –, die auf diese Weise den Lauf des Lebens rhythmisch gliedern und es gänzlich ausfüllen. „Das Essen vergessen" (nicht aber die asketische Weigerung, sich zu ernähren), die Sorgen vergessen (obschon weiterhin mit der Welt beschäftigt): der Logik der Begeisterung und Überschreitung, von der das Dasein, begierig sich zu erheben, mitgerissen wird, gelingt es sogar – belächelt sich der Meister hier selbst? – seine natürliche Grenze vergessen zu lassen, das Alter, das näher kommt – das aber nun vielleicht auch kaum noch von Bedeutung ist. Der Meister beschreibt sich nicht als Bewahrer der Weisheit oder des Wissens, er verweist nicht auf vollbrachte Leistungen: nicht nur aus Bescheidenheit, sondern weil es jene Spannung ist, die zählt, in ihrer Erneuerung und ihrer Dauer (mehr als alles Erreichte, das immer vergänglich ist) – jener stete Wunsch darüberhinauszugehen, der sein Ziel (sein „Glück") in sich selbst findet und dem Leben im Fortschreiten seine Jugend erhält.

Der Kommentator weist uns darauf hin, daß man diese Antwort „bis auf den Grund auskosten" müsse *(shen wei zhi[b])*. Denn unter der Schlichtheit dieser Redeweise erahnt man ein Bewußtsein des Realen, „das vollständig ist und ans Äußerste grenzt" (wir sind folglich von der Weitläufigkeit, jener Eigenschaft der Moralpredigt, die Hegel gebrandmarkt hatte, weitestmöglich entfernt): denn ist die Erde selber, mit der ihr innewohnenden Fähigkeit und ihrer „wundersamen" Erneuerung, etwas anderes als jenes Vermögen, unendlich fortzudauern (aus der sich doch alles Moralische ableitet)? Sollte sie etwas anderes sein als jener Prozeß, der, weil er „rein" ist (weder abweicht noch versandet), immer vorwärtsdringt und „niemals aussetzt" (das sind seit alters her die Formulierungen, mit denen man in China beschwört, worauf sich das Reale gründet[c])? Wer kein Weiser (par excellence) ist, wird jenes eine, darum aber umso umfassendere Verlangen nicht dauerhaft befriedigen können: was Konfuzius von sich selbst sagt, verschafft uns mit einem Schlag den Zugang zum „Himmel" (insofern er das Absolute des Realen ist). Nicht auf spekulative Weise oder mittels einer allegorischen Transposition, sondern durch die spontane Entfaltung des Ausspruchs, durch die kontinuierliche Expansionsbewegung des Sinns.

„Im allgemeinen sind die Reden, die der Meisterin eigener Sache hält, dieser Art: es gilt, das Denken völlig zu entfalten." Wäre dem nicht so, könnte man sich darüber verwundern, daß sich einige Absätze später in jenem Buch, das die Chinesen mehr als jedes andere verehren, Bemerkungen folgender Art finden:

Wenn der Meister mit jemandem zusammen war, der gut sang, dann bat er ihn, noch einmal von vorn zu beginnen. Dabei sang er dann selbst mit.[5]

Es geht hier freilich um eine Kleinigkeit (die als solche zum Gegenstand einer selbständigen Ausführung wird). Doch, wie uns der Kommentator sagt, kann man aus ihr sehr leicht auf das „entspannte und freimütige Wesen des Meisters" schließen (er verschmäht diese Art der Beschäftigung nicht und ist jederzeit bereit dazuzulernen). Gleichzeitig stellt man hier „eine bis zum Äußersten getriebene innere Wahrhaftigkeit" ins rechte Licht (sorgsam wie immer verbessert der Meister – durch Übung – seine eigenen Fähigkeiten); wie auch seine „vollkommene Bescheidenheit": ohne jede Angst läßt er die anderen ihre Fähigkeiten zur Geltung bringen. „Eine unscheinbare Handlung" also, jedoch eine, „die in sich alle Qualitäten vereinigt": „Man kann sie nicht gänzlich erfassen", muß der Kommentator zugeben, um abermals mit jenem Nicht-Schluß zu schließen: „vom Leser bis ins Kleinste auszukosten..."

Hat sich damit nicht das, was dem spekulativen Standpunkt (d.h. demjenigen Hegels) als „geschmacklos" gegolten hatte, als das Geschmackvollste erwiesen? Denn die Charakterisierung, die bei der ersten Annäherung unendlich fade erschien, weil sie alltäglich und banal war, und also nicht wert, unsere Aufmerksamkeit auf sich zu ziehen, kann, wie wir gesehen haben, Anlaß für die ergiebigsten Variation geben und am weitesten entfaltet werden. Der Sinn schließt sich also nicht mehr, sondern bleibt offen und verfügbar. Folglich gilt es, sich in jener Kunst der Lektüre zu üben, die den Sinn (wie einen Tee) *ziehen* läßt: fern der imperialen Kontrolle des (beweisenden) Diskurses und all seiner eindringlichen Markierungen, jeden möglichen Sinn sich auflösen zu lassen, sich seinem geheimen Ansinnen hinzugeben und sich so auf eine Wanderung zu begeben, die sich immer wieder, bis ins Unendliche, erneuert.

Das Motiv der Fadheit entfernt uns von der Theorie. Jedoch spült es uns auch nicht an jenes andere Ufer der Mystik. Gewiß, wir haben uns daran gewöhnt, daß dort, wo die Vernunft innehält, der Glaube den Staffelstab übernimmt. Doch auch wenn sich das Fade nicht zur Abstraktion eignet, so gibt es gleichwohl, zumindest in China, nicht Anlaß zu einer kategorischen Verweigerung jeglichen Diskurses – zum Sprung ins Unsagbare.

Denn mit dem Faden bleiben wir im Bereich der sinnlichen Erfahrung (auch wenn sie uns an die Grenze des Sinnlichen versetzt, dort, wo es am feinsten ist). Die Fadheit ist *konkret* – wie diskret sie auch immer sein mag. Und deshalb kann man sie auch in einer Landschaft beschwören.

23

2

Landschaft der Fadheit

Einige zierliche Bäume mit sparsamem Blätter-
werk im Vordergrund sind der einzige erkenn-
bare Ausdruck der Vegetation. Die niedrigen
Felsen in den Zwischenräumen um die Baum-
gruppe deuten da und dort die Konturen des
Uferstrichs an, während am anderen Ufer leicht-
ansteigende Hügel die flache Perspektive in die
Tiefe ausdehnen. Auf die Leere des Wassers,
das sich über die gesamte mittlere Partie des
Rollbilds erstreckt, antwortet die grundlose Klarheit des Himmels. Ein Dach aus Stroh, gestützt
von vier einfachen Pfosten, ist schließlich der
einzige Hinweis auf eine mögliche menschliche
Gegenwart. Aber es ist niemand da, um sich un-
terzustellen (vgl. Abb. 1).

Die Tusche, mit der die Landschaft gemalt ist,
ist überreichlich verdünnt; die Farbskala ist
schmal und im allgemeinen blaß; die Pinselstri-
che sind kaum als einzelne erkennbar, sondern

Abb. 1, *Landschaft der Fadheit I*
Landschaft von Ni Zan, datiert 1372 (Nationalmuseum Taibei)

aufgelöst in den Formen. Der Maler hat sich sogar geweigert, den Dingen in der Distanz, wie es üblich ist, eine andere Behandlung angedeihen zu lassen, etwa durch eine Verringerung der Einzelheiten oder das Verwischen der Umrisse: Nähe und Ferne sind grundsätzlich gleichartig, einem feststehenden Ausdruck zufolge „reflektieren sie einander" und gleichen sich unter dem betrachtenden Blick aus. Dieser bewegt sich daher gleichmäßig von einem Rand der Rolle zum anderen, und lediglich die Vertikalität der Astenden verbindet die beiden Ufer miteinander und hält die unterschiedlichen Ebenen an der Oberfläche zusammen. Keine impulsivere Bewegung des Pinsels stört die Ruhe, die sich von einer Seite zur anderen ausbreitet, kein ornamentaler Strich, auch keine schlichte Anmut, hebt die Flachheit des Ensembles auf. So sehr eine solche Landschaft auch von aller Undurchsichtigkeit geläutert und von jeder Schwere entlastet sein mag, hat sie gleichzeitig doch ihre eigene Beschaffenheit (und unterscheidet sich dadurch von ihren allzu zahlreichen Nachahmungen). Die angedeuteten Formen haben ihr eigenes Volumen, die vereinzelt hingetupften Farbpunkte verleihen den Umrissen Gestalt, hier und dort bestimmen einige dunklere Striche, von einem Ende zum anderen oder um ein bißchen Moos, den Saum der Dinge deutlicher. Nichts

Abb. 2, *Landschaft der Fadheit II*
Landschaft von Ni Zan, datiert 1339
(Sammlung John M. Crawford, New York)

sucht anzuregen oder zu verführen, nichts zielt darauf ab, den Blick festzuhalten oder Aufmerksamkeit zu erzwingen, und dennoch existiert diese Landschaft ganz und gar als eine Landschaft. Chinesische Kritiker charakterisieren sie traditionell mit folgendem Wort: „Fadheit".

*Ni Zan,
einer der vier
„Großen Meister"
der Yuan-Zeit,
14. Jahrhundert*

Bäume am Rand des Uferstrichs, eine Wasserfläche, vage Hügel, ein menschenleerer Pavillon: der Künstler hat praktisch sein ganzes Leben lang dieselbe Landschaft gemalt. Keineswegs, so scheint es, aufgrund einer besonderen Zuneigung zu derartigen Motiven, sondern, im Gegenteil, um seine innere Loslösung von allen besonderen Motiven, von allen möglichen Motivationen, besser ausdrücken zu können. Eine eintönige, einfarbige Landschaft, die alle Landschaften in sich enthält, in der sich alles auflöst und wechselseitig aufwiegt. Noch dazu stellt man in der Karriere dieses Malers eine Entwicklung zu immer größerer Schlichtheit und Entsagung fest. In einem Jugendwerk, das auf das Jahr 1339 datiert ist, sind die beiden Ufer noch nahe beieinander, sind die Felsen dicht und massiv und nimmt man unter dem Strohdach schemenhafte Gestalten wahr (vgl. Abb. 2). In einem anderen, dreißig Jahre später datierten Gemälde hat sich die Anordnung des Ensembles nicht verändert, doch werden Bäume und Berge mit größerer Zurückhaltung behandelt, hat sich der der Wasserfläche überlassene Raum in der Mitte vergrößert und ist jede menschliche Gegenwart aus dem Pavillon verschwunden (zurück zu Abb. 1).

Das Leben dieses Malers und vor allem die Umstände, die ihn veranlaßt haben, nach immer stärkerer „Loslösung" zu streben und sich um immer mehr „Fadheit" zu bemühen, sind wohlbekannt. Bis ins vierte Lebensjahrzehnt erlaubte ihm ein bedeutendes Familienvermögen, das unbeschwerte Leben eines Ästheten zu führen. Er füllte die Bibliothek, die er auf seinen Gütern hatte errichten lassen, mit seltenen Büchern, antiken Bronzen, wertvollen Zithern und natürlich den Gemälden und Kalligraphien der besten Meister. Hier empfing er seine einzigen Freunde und lebte in einer Welt, in der alles geläutert und nichts vulgär war (selbst die Sorge um die alltägliche Sauberkeit trieb er bis zur Obsession...). Doch im China des 14. Jahrhunderts, das der mongolischen Besatzung wehrlos ausgeliefert ist, häufen sich die Fälle des Machtmißbrauchs, und die Steuern, die auf den Gütern lasten, werden immer schwerer. Wohl auch um sich der Bürde einer allzu anstrengenden Haushaltsführung zu entziehen, dürfte sich der Maler entschlossen haben, sein Dasein zu verändern: er trennt sich von seinem Besitz und verbringt die letzten Jahrzehnte seines Lebens mit Reisen auf den Wassern in der Region zwischen unterem Blauen Fluß und Großem See, wo er auf einfachen Hausbooten lebt oder sich in Mönchsklöstern einquartiert. Durch die Aufgabe seiner gesellschaftlichen Stellung befreit er sich von den immer drückenderen Belastungen, die in schwierigen Zeiten wie diesen mit materiellem Besitz einhergehen, und kann zugleich den politischen Wirren entkommen, die in China stets den Sturz einer Dynastie begleiten. Allerdings schließt er sich nicht in strenger Einsamkeit ein, bricht nicht mit der Welt. Auch wenn er sich von der Last der Dinge freimacht, verzichtet er nicht auf ihre Gegenwart. Frei verfügbar, ohne feste Bindungen, läßt er sich von den ruhigen Fluten hin- und hertreiben und reist von einem Freund zum nächsten. Er bewegt sich in einer von allen Bedrängnissen entbundenen Welt und gewinnt eben dadurch eine grenzenlose Offenheit für jede Begegnung, jeden Genuß. Die Fadheit der gemalten Landschaft entspricht folglich mehr als lediglich einem künstlerischen Effekt. Sie ist Ausdruck der Weisheit, das fade Leben ist ein Ideal.

3

Fadheit-Loslösung

Die Biographen des Malers unterrichten uns, daß sich seine Kennerschaft des Taoismus zum Ende seines Lebens vertieft hat, und stellen ihn uns als in inniger Verbundenheit mit der Meditation (nach Art der Maoshan-Sekte) lebend vor. Mir ist durchaus bewußt, daß es immer künstlich ist, einer Existenz das Etikett einer Schule aufzukleben, vor allem in China; und daß es allzu einfach ist, nacheinander die Schubladen der verschiedenen Lehrgebäude zu öffnen (zumal erst diese Schubladen die Lehrgebäude begründen), als ob man davon die Rechtfertigung einer Einsicht erwarten könnte, die letztlich alle diese Bewegungen des Denkens zugleich durchkreuzt und überholt... Und doch beginnt das Motiv der „Fadheit" in China in Verbindung mit dem „Tao" Sinn zu gewinnen, dem ersten und zugleich letzten Terminus des taoistischen Denkens – und dies in einigen entscheidenden

Formulierungen, die von der für diese Schule charakteristischen Neigung profitieren, mit Paradoxen zu spielen und die üblichen Meinungen umzukehren: das Motiv der Fadheit hat von Anfang an Teil an dieser verallgemeinerten Umkehrung der Werte – im Hinblick darauf, das Wesentliche zu beschwören.

Tatsächlich ist es den Taoisten des Altertums zufolge das Fundament der Realität selbst, das sich für uns, in seiner Fülle und seiner unaufhörlichen Erneuerung, „fade" und „ohne Geschmack" (*dan hu qi wu wei*[d]) darstellt:

> *Musik und gute Speisen*
> > *halten Fremde an, die vorüberreisen*
> *Wenn das Tao durch unseren Mund geht,*
> > *ist es fade und ohne Geschmack.*
> *Man kann es nicht sehen;*
> *Man kann es nicht hören;*
> > *und doch ist es unerschöpflich.*[6]

Jeder Geschmack ist ebenso trügerisch wie verführerisch, nur den Vorrüberreisenden verleitet er „anzuhalten", er „ködert" ihn, ohne ihn zu befriedigen. Er ist nur ein unmittelbarer und augenblicklicher Reiz, der sich, den von einem Instrument erzeugten Tönen vergleichbar, erschöpft, kaum daß er konsumiert wird: im Gegensatz zu diesen oberflächlichen Reizen werden wir hier dazu eingeladen, zu der „unerschöpflichen" Quelle dessen hinaufzusteigen, was sich durchgängig entfaltet, ohne sich jemals auf eine konkrete Manifestation reduzieren oder vollständig von den Sinnen erfassen zu lassen, und was dennoch jede besondere Aktualisierung transzendiert und reich an Virtualität bleibt.

Denn jede Aktualisierung ist zugleich Begrenzung, weil sie alles andere Werden ausschließt: sie wird nie etwas anderes sein als jener einmal gegebene Geschmack, einquartiert und eingegrenzt in seiner unüberwindlichen Besonderheit. Wo hingegen kein Geschmack ausgedrückt wird, ist der Wert des „Schmeckens" umso höher, da er nicht bestimmt werden kann, seine Zufälligkeit überwindet und sich der Veränderung öffnet.

Daher wendet dieser Ausspruch die Sprache gegen sich selbst und bezieht ostentativ die Gegenposition zu den herkömmlichen Urteilen: der Weise „schmeckt, was ohne Geschmack ist[e]", ebenso wie er „tut, was ohne Tun ist" und „schafft, was ohne Geschäft ist".[7] Denn Weisheit besteht in nichts anderem als wahrzunehmen, daß Gegensätze, weit davon entfernt, ein für alle Mal in ausschließlicher Individualität blokkiert zu sein, nie aufhören, einander zu bedingen und untereinander zu kommunizieren. Das eine ereignet sich immer nur im Ausgang vom anderen, und das Reale ist nichts anderes als der Prozeß dieser wechselseitigen Verursachung. Die Kunst oder Weisheit besteht folglich darin, sich von einem Pol zum anderen führen zu lassen und dabei so wenig wie möglich einzugreifen, um im Höchstmaß von der der Realität inhärenten Logik zu profitieren, die diese Dynamik der Umkehrung darstellt: anstatt die „Schwierigkeiten" in dem Stadium in Angriff zu nehmen, wo die Situation tatsächlich schwierig geworden ist, muß man, das wird uns hier gezeigt, dieses vorhersehbare Stadium vorwegnehmen und den Dingen dann Aufmerksamkeit schenken, wenn sie noch leicht zu beherrschen sind. Genausowenig darf man sofort „Großes" erreichen wollen, sondern müßte stets vom anfänglichen Stadium der Dinge ausgehen, das sich, als solches, von selbst zu entfalten verspricht. Auch darf man den Geschmack nicht im Geschmack selbst suchen, weil dieser wesenhaft relativ ist und erst von dem Moment an wahrnehmbar wird, in dem man ihn isoliert; vielmehr müßte man sich zu dem wahren Geschmack führen lassen, der von dem Stadium ausgeht, das der Fadheit entgegengesetzt ist: denn die Fadheit neigt im Verlauf ihrer Entwicklung von selbst zum Geschmack, der, fern davon, steril in sich selbst eingeschlossen zu sein, seiner Überschreitung offen gegenübersteht und sich als endloser Fortschritt zeigt.

Der in den Dingen empfundenen Fadheit entspricht die Fähigkeit zur inneren Loslösung. Es sollte nachdenklich stimmen, daß dasselbe chinesische Wort *(dan¹)* sowohl das eine als auch das andere bedeutet, ohne zwischen Subjekt und Objekt zu unterscheiden. Bis heute bezieht der Gegensatz daraus seine Tiefe: der Geschmack fesselt uns, die Fadheit löst uns los. Der Geschmack nimmt uns völlig in Anspruch, macht uns bessessen, unterwirft uns; die Fadheit befreit uns von äußerem Druck, sinnlichen Reizen und jeder künstlichen und wenig dauerhaften Intensität. Sie macht uns frei von vergänglicher Schwärmerei – bringt den ganzen Lärm zum Schweigen, der uns erschöpft. Die Innerlichkeit, die imstande ist, die Fadheit der Welt zu erfassen, findet damit zugleich ihre Ruhe und Ausgeglichenheit wieder und entwickelt sich dank dieser Vermittlung umso freier. Denn das Bewußtsein läßt sich nicht mehr von der Vielfalt der Geschmäcke gefangennehmen, vielmehr vermag es die wesenhafte Ungeteiltheit zu erfassen, die allen Unterschieden zugrundeliegt, die Welt wird seiner Initiative wieder verfügbar, Schwerpunktsetzungen und Blockaden verschwinden, die Überbestimmtheit des Begehrens wird ebenso aufgegeben wie das Überangebot der Dinge – alles greift spontan und aus freiem Antrieb ineinander.

Es handelt sich hier keineswegs um eine Moral von Einzelgängern, die von der Welt zurückgezogen leben, denn die Lektion gilt zunächst auf der politischen Ebene und betrifft die Führung der Amtsgeschäfte. Als sich in einer taoistischen Fabel „Himmelswurzel" im Lande von *Yin* und *Yang* an den „Herrn Namenlos" wendet, will er wissen, wie man die Menschen regiert. „Herr Namenlos" macht ihm zunächst Vorhaltungen, ihn gestört zu haben, als er sich gerade vorbereitete, sich „mit dem schöpferischen Prinzip zu vereinen" und auf der Reise in das Land, „wo nichts mehr existiert", in einen Raum jenseits der irdischen Begrenzungen aufzuschwingen. Als der andere seine Frage wiederholt, antwortet er dann wie folgt:

Zhuang Zhou, Autor des Zhuangzi, 4. Jahrhundert vor unserer Zeitrechnung, einer der genialsten Schriftsteller der chinesischen Tradition

Laß dein Herz sich entfalten in der Fadheit-Loslösung, sammle deinen Lebenshauch zu allgemeiner Ungeteiltheit. Wenn du dich der spontanen Bewegung der Dinge anpaßt, ohne dir individuelle Vorlieben zu gestatten, wird die ganze Welt in Frieden sein.[8]

Aus dem Stadium der *Ungeteiltheit* kommt alles und hierhin kehrt alles zurück, und die Tugend der Fadheit besteht eben darin, unseren Geist mit diesem grundlegenderen Stadium der Dinge in Übereinstimmung zu bringen: in dem Maße, in dem uns kein Geschmack stärker anzieht als ein anderer, keiner im Verhältnis zum anderen bevorzugt wird, erhalten wir die „gleichgültige" Balance zwischen allen Virtualitäten, die hier am Werk sind (im Sinne von qi[9]), und lassen die der Existenz inhärente Logik sich von selbst entwickeln. Vorlieben sind die alleinige Quelle des Ungemachs, und nur der Geschmack ist schuldig. Beide verdunkeln die Transparenz der natürlichen Prozesse, vernebeln die rechte Bestimmung der Dinge. Demgegenüber vermag der Herrscher, dem alles in der Welt in gleichgültiger Fadheit erscheint, dank seiner inneren Loslösung jeder Einmischung zu entsagen, die regulierende Immanenz zu bewahren und Frieden zu verbreiten.

Mit dem gleichen Recht wie die „Leere", die „Ruhe", die „Gleichgültigkeit", die „Unempfindlichkeit" oder das „Nicht-Tun" kennzeichnet die „Fadheit-Loslösung" demnach das Fundament der Realität und wird zum Halt jeglicher Existenz.[9] Auf keinen Fall darf man daher die Abwesenheit von Geschmack oder Interesse als Kennzeichen einer Entbehrung auffassen oder sie gar im Sinne einer negativen Theologie (des Absoluten) verstehen: die Fadheit, die zur Loslösung führt, ist ganz einfach der Weg der freien Entfaltung dessen, was sich spontan ereignet. Sie führt uns am weitesten weg von der Perspektive einer Offenbarung. Im Gegensatz dazu möge man sich an Christi Weisung an seine Jünger erinnern: „Ihr seid das Salz der Erde. Wenn das Salz dumm wird (seinen Geschmack verliert), womit soll man's salzen? Es ist hinfort zu nichts nütze, denn daß man es hinausschütte und lasse es die Leute zertreten." (Matthäus 5, 13; vgl. Lukas 14, 34-35 und Markus 9, 50.)

Das *Salz* als geheiligte Würze und zugleich als Vorzeichen der Differenz oder sogar eines scharfen Gegensatzes: früher sprach man im Französischen vom „Salz einer Allianz", um den unbestechlichen und ehrenvollen Charakter eines Bündnisses zu kennzeichnen, und sagte „das Salz des Palastes essen", um die Zugehörigkeit eines Untergebenen zu seinem Herrn auszudrücken. Hier hingegen wird unsere Auffassung des Realen von keinem Aufruf erhöht, von keiner Botschaft gesteigert. Kein Sinn wird von außen herangetragen, nichts vermag mehr aufzufallen und uns zu verlocken: Die Fadheit dient zur umfassenden und positiven Charakterisierung des Natürlichen.

4

Der Sinn für das Neutrale

Die in der Ideengeschichte notwendigen Sche-
matisierungen veranlassen uns oft, einen kategorischen Gegensatz zwischen „Taoisten" und
„Konfuzianern" zu behaupten. Als gäbe es auf
der einen Seite die Bestrebungen des inneren
und auf der anderen Seite die Anforderungen
des gesellschaftlichen Lebens. Ich glaube indessen, daß uns das chinesische Motiv der Fadheit
dahin führt, derartige Trennungslinien zu durch-
kreuzen – und gerade in dieser Hinsicht ist es
vielversprechend. Gewiß bedeutet dies nicht,
daß man die Differenzen zwischen den beiden
„Schulen" im Einsatz, im Verständnis und in der
Sprache nicht mehr in Betracht ziehen muß, aber
wir werden angeregt, jenseits dieser Unterschiede den nie in Frage stehenden *Grund der Evi-
denz* zu erahnen, auf dessen Fundament sie
sich herausgebildet haben: uns nicht mehr allein an die vorgebrachten Argumente zu halten,

sondern darüberhinausgehend auszuloten, was beide voraussetzen und ihnen erlaubt, ihren Dialog zu führen. Denn die Idee einer Wertschätzung der Fadheit gehört nicht nur zum taoistischen Lob einer ursprünglichen Natur, sie liegt gleichermaßen auch dem konfuzianischen Portrait des Weisen zugrunde.

Tatsächlich bezieht sich beider Fragestellung auf das, was, einer geläufigen Wendung zufolge, als „Fundament von Himmel und Erde", als „Wurzel" alles Vorhandenen dient. Die Konfuzianer denken genausowenig wie die Taoisten daran, „Sein" und Schein einander entgegenzusetzen oder das „Intelligible" vom Sinnlichen zu trennen. Weder hier noch dort findet sich (wenigstens bis zur Ankunft des Buddhismus) irgendein „metaphysisches" Interesse; die Philosophie ist ohne Ontologie. Und von da aus, so scheint mir, muß man das altchinesische Denken (im Gegensatz zum griechischen) verstehen: der Blickwinkel, unter dem es sich dem Realen nähert, ist nicht die Frage, was wirklich *ist* (das „An-sich", die „Idee") und sich niemals verändern muß, vielmehr zielt es auf den Zusammenhang, der der Veränderung innewohnt und der die Logik ihres Verlaufs dem Werden überträgt. In China richtete sich die Sorge demnach darauf, dem *Vermögen*, das allem Realen gemeinsam ist *(de*[h]*)* und kraft dessen sich die Welt immer wieder erneuert und das Leben nicht aufhört, sich zu entfalten, gerecht zu werden, von seinen subtilsten bis hin zu seinen offenbarsten Erscheinungsformen. Die Frage, die am Anfang gestellt wird, lautet somit: Was ist die Quelle dieser Wirksamkeit? Und woraus entspringt die Regelmäßigkeit, die die Voraussetzung dieses harmonischen Funktionierens ist?

In den Augen der konfuzianischen Gelehrten hängt das, was dem Kreislauf der Natur (dem „Himmel") ermöglicht, fortzubestehen und seine Fruchtbarkeit unaufhörlich auszuweiten, wie auch das, was der Tugend des Weisen erlaubt, beständig zu wirken und alles Vorhandene unermüdlich anzuregen, von etwas ab, das weder der Himmel noch der Weise von sich aus je werden und das sich nie einseitig nach irgendeiner Seite neigt. Denn alles Einseitige und damit Partielle stellt zugleich einen Bruch oder Rückzug im Verhältnis zu dem allem Realen innewohnenden Vermögen dar, durch alle Teile hindurch miteinander zu kommunizieren, einander wechselseitig anzuregen und zu antworten, d.h. beständig aufeinander zu reagieren (im Sinne von *gantong*[i]), und sich eben dadurch im Prozeß zu behaupten. Lediglich das Erlahmen der Lebenskraft sowie Abschirmungen und Blockaden stehen diesem *Kontinuum* des Realen im Weg. Und daraus ergibt sich die Undurchschaubarkeit und

Trägheit der Dinge wie des Bewußtseins, ihre „Unempfindlichkeit" und „Unfruchtbarkeit" (es gibt im übrigen nichts „Böses" außer diesen Abweichungen). Gleich, ob für den Himmel oder den Weisen, besteht die einzige Tugend darin, sich niemals „hemmen" zu lassen: ihre logische Voraussetzung ist die Fähigkeit, bei allen Gelegenheiten die Position der „Mitte" *(zhong)* einzuhalten, die es allein erlaubt, auf die Gesamtheit der Situation zu reagieren, sowohl das Übermaß wie den Mangel zu vermeiden und das Vermögen, etwas „sich ereignen zu lassen" *(cheng[j])*, in seiner Gesamtheit zu fördern.

Das konfuzianische Ideal ist also keineswegs die „Mittelmäßigkeit" des rechten Maßes – *aurea mediocritas*, die furchtsame Vorsicht –, mit der es allzu oft verwechselt worden ist; genausowenig reduziert es sich auf das aristotelische „Mittlere" (*mesótes*, *Nikomachische Ethik*, II, 5), weil dieses nur moralisch ist und im Bereich der „Neigungen" und der „Handlungen" unerheblich bleibt. Es beruht auf der Wahrnehmung des grundsätzlich neutralen Charakters jeder Natur – der Natur der Welt wie der des Menschen. Denn weil der Mensch seinen Ursprung im transzendenten Grund der Realität (dem „Himmel") hat, ist er von Natur aus (bevor sich die Vielfalt der Leidenschaften in ihm entwickelt) vollkommen in der Mitte, und danach genügt es, daß er seine Empfindungen in einem harmonischen Gleichgewicht hält, damit „Himmel und Erde an ihrem Platz sind" und „alles Vorhandene gedeiht"[10]. Man kann daher keine andere Verankerung in der Realität finden als diesen Wert des Neutralen, das sich weder stärker nach der einen als nach der anderen Seite neigt, noch eher auf die eine als auf die andere Weise charakterisiert ist, sondern sein Vermögen zur Ausdehnung vollständig in sich behält. In den Augen der Konfuzianer entspringt aus dieser Neutralität jede wahrhafte Effizienz. Und ihr ist natürlich auch die standhafte „Fadheit" geschuldet, die den Weisen kennzeichnet.

Aber wie sollte das Neutrale auch erkennbar sein, Raum geben für eine besondere Manifestation? Weil sie sich jeder Charakterisierung entzieht, die sich allein für eine Neigung in die eine oder die andere Richtung, für Übermaß oder Mangel, eignet, gilt die Tugend der Mitte, obwohl sie allem immanent ist, als ebenso unkenntlich. Oder besser: sie gilt genau aus dem Grund als unkenntlich, weil die Immanenz (des Tao) universell ist. Sie kann nur mit sich selbst identisch sein, nie läßt sie Differenz oder Abstand erkennen. Einer geläufigen Wendung zufolge sind die Menschen „selten", die sich ihrer „bewußt werden" können: sie zeigt kein typisches Merkmal, bietet keinen ausgeprägten „Ge-

Zhongyong, in der Nachfolge des Konfuzius, später eines der „Vier Bücher" der konfuzianischen Ausbildung

schmack" und vermischt sich nie mit der Normalität der Dinge. Eine *banale* Tugend. Sie ist zugleich das Wertvollste und das Alltäglichste, alles verwirklicht sich durch sie und dennoch sieht man sie nie. Auch wenn sie aus Sicht des menschlichen Verhaltens das am schwersten erreichbare Ziel darstellt, ist sie gleichzeitig das gewöhnlichste Ideal, das allen – auch den „schlichten Gemütern" – zugänglich ist. Konfuzius selbst hat sich gegen den – allzu einfachen – Kult des Außergewöhnlichen verwahrt:

Danach streben, anders als die anderen zu leben [oder, einer anderen Interpretation zufolge: *Danach streben, die verborgensten Geheimnisse zu durchschauen*] *und Wunderdinge zu vollbringen, damit kommende Generationen etwas über mich zu erzählen haben, davor werde ich mich hüten!* [11]

Vom wahrhaft Weisen gibt es nichts zu berichten, genauso wie es an guten Strategen, wie wir in den alten Abhandlungen zur Kriegskunst lesen, nichts zu loben gibt: jener übt seine Tugend in der Nähe, in seiner Familie, und auf eine alltägliche Art und Weise aus, so daß sich der Nutzen seines Verhaltens nie definitiv der Aufmerksamkeit aufdrängt, nichts Beachtliches oder Ausgeprägtes darbietet; dieser läßt die feindselige Situation sich immer bedrohlicher entwickeln, beinahe so als wäre er gleichgültig, so daß der Schritt für Schritt errungene Sieg sich nie zur Bewunderung aufdrängt, nie öffentlich als Großtat gerühmt wird. Wahrhafte Wirksamkeit ist immer diskret. Im Umkehrschluß ist alles Auffällige bloß trügerisch. Der Weise und der Stratege verweigern sich spektakulären und oberflächlichen Handlungen zugunsten eines Einflusses, der in der Tiefe und auf die Dauer wirkt. Auf der Seite des Einzelnen und Offenbaren: der „Geschmack"; auf der anderen Seite etwas, dessen Eigenschaften unbestimmt und verborgen bleiben, und das doch umso wirksamer ist: die „Fadheit".

Die Tugend des Weisen ist also von Außen nicht sichtbar. Aus diesem Grund beginnt das Portrait des Weisen mit einer Gegenüberstellung zwischen dem inneren Reichtum und dem glanzlosen Aspekt seiner Manifestation:

Im Buch der Lieder *heißt es: „Über ihrem Brokatgewand trug sie ein schlichtes [einfarbiges] Oberkleid". Sie wollte nicht zulassen, daß ein derart verziertes Gewand gesehen würde.*

Ebenso wird das Tao [der „Weg"] des Edlen, weil er sich darin gefällt, im Schatten zu bleiben, Tag für Tag anschaulicher, während das Tao [der „Weg"] des Gemeinen, weil er zu glänzen liebt, mit jedem Tag weiter verkümmert.

*Das Tao [der „Weg"] des Edlen ist fade, und
doch wird man seiner nicht satt; es ist einfach
und dennoch verziert; flach und doch nicht ohne
Harmonie.*

*Wer die Nähe des Fernen erkennt, wer in
Rechnung stellt, woher der Wind* [als Einfluß,
der sich durch alles Vorhandene ausdehnt] *weht,
wer sich schließlich bewußt ist, daß das Verbor-
genste offenbar wird, der vermag in die Tugend
einzudringen.*[12]

Je weniger die Eigenschaft durchscheint, zu
desto größerer Ausdehnung ist sie fähig; die
Fülle ist umso größer, weil sie sich weigert, sich
zur Schau zu stellen. Aber täuschen wir uns nicht
über die Intention: es geht hier keineswegs um
einen Entschluß zur Bescheidenheit, vielmehr
ist eine derartige Zurückhaltung die Voraussetzung der Nicht-Auszehrung. „Schlichtheit" und
„Flachheit" sind das Unterpfand der Wahrhaftigkeit; im Gegensatz zum Geschmack, dessen
Intensität und Verführungsmacht sich verbrau-
chen muß, wird man der „Fadheit" des Weisen
niemals „satt"[k].

Die folgenden Ausdrücke bestätigen, wie mir
scheint, einen solchen Sinn der „Fadheit". Daß
die „Ferne" „in der Nähe" anfängt, oder daß man,
wie andernorts gesagt wird, „auch eine weite
Wanderung in der Nähe beginnt" (oder „unten

46

losgehen" muß, „um zum Gipfel zu gelangen"[13]), erinnert uns daran, daß sich selbst das äußerste – am weitesten entfernte – Ergebnis stets in unserer Nähe, in der Schlichtheit, zu verwirklichen beginnt. Die Tugend des Weisen ist, wie wir gesehen haben, ganz und gar gewöhnlich, der Zugang zum Geschmack kann nur schrittweise erfolgen (insbesondere auf der politischen Ebene weitet sich der Anwendungsbereich der Tugend immer weiter aus, von der Familie bis hin zur ganzen Welt); „woher der Wind weht" legt uns nahe, daß der Einfluß desto weiter und tiefer reicht, weil er nicht vereinzelt wahrnehmbar ist: die Qualität des Geschmacks liegt nicht in seinem besonderen oder betonten Charakter, sondern in seinem undeutlichen Vermögen zur Sättigung und seiner Macht, uns zu durchdringen; das „Offenbarwerden des Verborgensten" schließlich zeigt uns, daß der wahrhafte Geschmack kein bloßer Zustand ist, sondern ein fortwährendes, immer sinnlicheres und umfassenderes Entfalten; und infolgedessen entwickkelt sich aus der größten Zurückhaltung die größte Gegenwart.

Anstatt also die Aspekte des Realen, die Stadien des Werdens, zu isolieren und einander entgegenzusetzen, ist dem Weisen bewußt, daß die Extreme miteinander kommunizieren; ist er sich dem bewußt, was nie anders existiert als

im Übergang von einem zum anderen, im Prozeß. Daher die Bedeutung einer Charakterisierung durch die Fadheit, die allein diesen bestän-
digen Übergang bezeichnet: während der Geschmack entgegensetzt und trennt, verbindet die
Fadheit die verschiedenen Aspekte des Realen
untereinander, öffnet sie füreinander und veranlaßt sie, miteinander zu kommunizieren. Sie
weist ihren gemeinsamen Charakter auf und
daraus ihre wesenhafte Natur. Sie ist die Tonart
des Ganzen. In den Augen desjenigen, dessen
Blick weiter reicht, läßt sie die Welt und die Existenz jenseits der Enge des individuellen Blick-
winkels spürbar werden – in ihrem wahrhaften
Ausmaß. Wenn die Fadheit der einzig mögliche
Geschmack der Weisheit ist, so keineswegs aus
Resignation oder Enttäuschung, sondern weil sie
der Geschmack des Grundes ist, der „Wurzel"
der Dinge, der authentischste.

5

Die Fadheit in Gesellschaft

„Der Weise ist fade, und doch wird man seiner nicht satt": dieser Ausspruch läßt sich insbesondere auf unsere Beziehungen zu anderen anwenden. Erneut handelt es sich dabei um eine in China verbreitete Einsicht, die schließlich sogar sprichwörtlich geworden ist: „Der Umgang des Edlen ist fade wie Wasser, der Umgang des Gemeinen ist süßlich wie neuer Wein.'" Wo es im Gebrauch dieses Vergleichs Abweichungen zwischen den Schulen gibt, beziehen sie sich vor allem auf Unterschiede im Stil, der Absicht oder des Zusammenhangs.

Die taoistische Inszenierung ist in dieser Hinsicht absichtlich polemisch und getränkt von Ironie. Sie stellt uns einen Konfuzius vor, der, vom Leben enttäuscht, einen weisen, alten Mann (einen Taoisten, versteht sich) aufsucht, um ihm von seinem Mißgeschick zu berichten:

Zhuangzi, 4. Jahrhundert vor unserer Zeitrechnung

Zweimal wurde ich aus dem Land Lu hin-

49

ausgejagt. Im Land Song hat man den Baum gefällt, unter dem ich saß. Ins Land Wei darf ich keinen Fuß mehr setzen. In den Ländern Shang und Zhou hat man mich bis zum Äußersten erniedrigt. Zwischen den Ländern Chen und Cai ward ich von Feinden umzingelt. In Folge all dieser Leiden entfernen sich meine Eltern und meine Verwandten immer weiter von mir, und meine Schüler und Freunde verlassen mich immer mehr. Warum ist es so gekommen?" [14]

Auf diese Klage des Konfuzius antwortet der alte Taoist mit einer Anekdote: ein Mann aus Jia, der aus seinem zerstörten Heimatland floh, zog es vor, eine Jadescheibe, die mehrere tausend Pfund Goldes wert war, zurückzulassen und trug stattdessen sein neugeborenes Kind auf dem Rücken mit sich fort. Denn, so rechtfertigte er sich, an die Jade ist der Mensch nur aus „Interesse" gebunden, während er mit seinem Sprößling durch natürliche Bande vereint ist. „Alle, die nur aus Interesse verbunden sind, lassen einander im Stich, wenn Bedrängnis, Mißerfolg, Unglück, Leid und Unheil sie treffen"; wohingegen sich diejenigen, die durch natürliche Bande vereint sind, im selben Mißgeschick noch weiter annähern. Tatsächlich, und darauf liegt das Hauptgewicht des Arguments, haben die, die nicht aufgrund von Interesse vereint sind, auch

keinen Grund, sich jemals zu trennen. Und deshalb kann man sagen:

Der Umgang des Edlen ist geschmacklos wie
Wasser, der Umgang des Gemeinen ist süß wie
neuer Wein. Die Fadheit des Edlen stärkt seine
freundschaftlichen Verbindungen; der Gemeine
macht sie mit seinem süßlichen Geschmack
kaputt.

Die Kritik richtet sich hier einmal mehr, aus
taoistischem Blickwinkel, gegen alles, was nicht
der spontanen, arglosen Bewegung unserer
Natur folgt: die Fadheit ist das Unterpfand einer
wahrhaften Naivität, die frei ist von jeder Moti-
vation und als solche niemals fehlgeht. Demgegenüber schüren die gesellschaftlichen Konven-
tionen und die falschen Werte, mit denen uns
die Zivilisation belästigt, in uns Formen des Interesses, die ganz und gar künstlich und daher
größten Veränderungen unterworfen sind: wenn
der Umgang des Gemeinen zunächst gefällig
erscheint, so deshalb, weil er auf einem Reiz
beruht und sein Geschmack offensichtlich un-
natürlich ist. Die Lehrfabel ihrerseits endet mit
der Bekehrung des Konfuzius. Schluß mit allem
Getue und allen falschen Geschmäcken. „Konfuzius ging langsamen Schrittes und in gelassener Stimmung nach Hause. Er gab das Ler-
nen auf und entsagte seinen Büchern. Seine

Schüler bezeugten ihm keine rituelle Ehrerbie-
tung mehr, doch ihre Liebe verstärkte sich noch."

Ungeachtet der Satire bleibt festzuhalten, daß
auch die konfuzianischen Ritualisten Fadheit in
den menschlichen Beziehungen gepredigt haben. Dies im Namen der Redlichkeit gegenüber
der eigenen Person und der Loyalität im Verhältnis zu anderen (im Sinne von *xin* [m]). Der Edle
versucht nicht, andere in die Irre zu führen, er
redet nur über das, was er tun kann, und nichts
ist von den wahrhaften Anforderungen der Riten weiter entfernt als die üblichen Höflichkeits-
bezeigungen:

Buch der Riten,
*Ende des
Altertums,
einer der fünf
kanonischen
Texte der gelehr-
ten Überlieferung*

*Deshalb wird der Edle, wenn er zu jemandem
kommt, der die Beerdigung eines Elternteils
begeht, und er ihm nicht durch ein Geschenk
helfen kann, ihn nicht fragen, wieviel Ausgaben
er habe. Wenn er zu jemandem kommt, der einen Kranken im Hause hat, und er ihm nichts
mitbringen kann, um den Kranken zu nähren,
wird er ihn nicht fragen, was er sich wünsche.
Wenn ein Gast ihn besucht, den er nicht beher-
bergen kann, wird er ihn nicht fragen, wo er zu
wohnen gedenke.*

*Der Umgang des Edlen ist wie Wasser, der
Umgang des Gemeinen ist wie neuer Wein. Der
Edle ist fade, aber eben dadurch läßt er es sich
ereignen, der Gemeine ist von gefälligem Ge-*

schmack, doch genau dadurch richtet er zu-
grunde.[15]

Ein Wechsel von Stil und Szenerie: wir sind hier fern von dem freien und ungezwungenen Habitus der Taoisten, von ihrem schalkhaften, mitunter provokativen Tonfall. Aber auch wenn die Entwicklung des Themas weniger brillant ist, besitzt diese Ernsthaftigkeit doch keine geringere Tiefe: eben jene der Banalität – die Fadheit. Der Edle gibt nicht vor, sich für die anderen zu interessieren, wenn er ihnen keine wirkliche Hilfe gewähren und den Ausdruck seiner Fürsorge nicht durch Handlungen begleiten kann. Während seine Rede hinter seinem Verhalten zurückbleibt, versucht der Gemeine lediglich, einen guten Eindruck zu machen. Der süßliche Geschmack verlockt uns, doch ist er trügerisch. Es mangelt ihm an Aufrichtigkeit und Strenge. Zurückhaltung, Bescheidenheit, Diskretion: nur auf dieser Basis kann man menschliche Verbindungen „sich ereignen lassen", auf die man vertrauen kann und die nicht enttäuschen. Denn man läßt nur das wirklich sich ereignen, was man einhalten kann, und es bedeutet keineswegs in Moralismus zu versinken, wenn man glaubt, daß nur tatsächlich Verwirklichtes verdient, in Betracht gezogen zu werden, und daß zu guter Letzt immer eine Bestätigung durch die Tatsachen eintritt. „Sich ereignen lassen" *(cheng)*: die konfuzianische Sorge bleibt im Rahmen der menschlichen Beziehungen dieselbe wie zuvor im Verhältnis zur Tugend des „Himmels" und als inhärentes Vermögen der Natur. Und die Fadheit der anderen, die für uns Authentizität verbürgt, trifft sich mit dem – absolut allgemeingültigen – Wert der Neutralität.

6

Fadheit und Flachheit des Charakters

Man kann die Fadheit des Weisen auch noch aus einem anderen Blickwinkel preisen, der genausowenig moralisch, vielmehr rein psychologisch ist: die Fadheit soll der bestimmende Zug unseres Charakters sein, da nur sie dem Einzelnen erlaubt, zu allem gleichermaßen befähigt zu sein und in jedem Moment das jeweils erforderliche Vermögen unter Beweis zu stellen. Die Natur, von der fortan die Rede ist, ist nicht mehr die „menschliche Natur", aufgefaßt in ihrer Universalität und im Ausgang von einem transzendenten, stets im Aufschwung begriffenen Fundament der Realität (dem „Himmel"n), sondern das *Naturell*°, das jedem von uns eigen ist und das man durch aufmerksames Studium des Betragens, mitunter sogar des Minenspiels oder des Gesichtsausdrucks erkennen kann.[16] Der Blickwinkel wird nun experimenteller, man wendet sich stärker an die subjektive Einschätzung und Urteilskraft (im Sinne von *pin*[p]). Nach der Reichsgründung (die dem von uns sogenannten chinesischen „Altertum" im Jahr -221 ein Ende setzt) und der Organisation einer bedeutenden Bürokratie setzt man in China immer mehr auf Geschmack und Interesse, um die Verdienste des Einzelnen zu beurteilen, und es wird zur Gewohnheit, die Fähigkeiten der Funktionäre hierarchisch zu klassifizieren (später wird man in ganz ähnlicher Weise die unterschiedlichen Talente von Kalligraphen, Malern und Dichtern in eine „höhere", eine „mittlere" und eine „niedere" Klasse einstufen). Auf der Skala der Fähigkeiten steht indessen die Fadheit an erster Stelle:

Im allgemeinen sind im menschlichen Charakter Ausgeglichenheit [als das Vermögen, sich „in der Mitte" zu halten, *zhong*] *und Harmonie am höchsten zu schätzen. Um aber ausgeglichen und harmonisch sein zu können, muß der Charakter flach, fade und ohne Geschmack sein: ein derartiger Charakter weiß die fünf Vermögen zu vereinigen und vermag sich jeder Gelegenheit mit Gewandtheit anzupassen.*[17]

Allein die „Flachheit" und „Fadheit" der Person *(pingdan wuwei*[q]*)* macht es möglich, daß die gegensätzlichen Eigenschaften einander nicht ausschließen. (Der Kommentator erläutert,

daß nur die Fadheit die „fünf Geschmäcke" –
sauer, bitter, süß, scharf und salzig – nebenein-
ander bestehen läßt, denn „ist der Geschmack
bitter, kann er nicht gleichzeitig süß sein, und ist
er sauer, kann er nicht gleichzeitig salzig sein".)
Lediglich die Fadheit gewährleistet mithin die
vollkommene Vielseitigkeit des Charakters, die
dem Einzelnen gestattet, allen Aspekten der Situation zugleich zu entsprechen und sich ohne
anzuecken in ihre Entwicklung einzufügen.
(Dazu noch einmal der Kommentator: „Wenn der
Charakter eines Menschen flach und fade ist und
keine einzelne Neigung begünstigt, dann wird
dieser Mensch seine Fähigkeiten kontrollieren
und sie am besten ausnützen können: er paßt
sich allen Veränderungen an, ohne jemals auf
ein Hindernis zu stoßen.") Umgekehrt gilt es als
Mißstand, wenn eine Eigenschaft den Sieg über
die andere davonträgt, bestimmend wird: das
Übel kommt auch hier wiederum aus der „Einseitigkeit" [r], der Neigung in die eine oder die andere Richtung.

Ich glaube, man kann gar nicht offen genug
für die Originalität dieser chinesischen Psychologie der Fadheit sein, dieser Verweigerung gegenüber jedem Charakterzug, der sich auf Kosten eines anderen behauptet, diesem Entschluß zur Vervollkommnung durch Unentschiedenheit. Keine Fähigkeit, welche es auch sei,

darf die Persönlichkeit allein in Anspruch nehmen, und es geht weniger darum, energisch auf die Situation einzuwirken, als sie dadurch auszubeuten, daß man sich ihr fügt: nicht heldenhafter Einsatz, bei dem jede Mitwirkung das gleiche Ziel hat, ist das Ideal, sondern eine individuelle Bereitschaft, die genauso weit reichen müßte wie die Schwankungen der Welt und es erlaubte, sich ihnen ohne Stocken anzupassen. Anstatt daß eine besondere Spannung alle unsere inneren Reserven unter unseren Augen sammelt und hervorbrechen läßt, entspannen sich unsere Fähigkeiten, indem sie sich ausgleichen, und vermischen sich in der Fadheit.

Diese Lektion in Geschmacklosigkeit läßt sich in China namentlich auf das politische Leben anwenden. Wir wissen, daß sich jeder chinesische Gelehrte, aus Berufung, der Ausübung eines Amtes widmet, und daß sich ihm infolgedessen lediglich die Alternative stellt, an den politischen Angelegenheiten teilnehmen zu können oder sich von ihnen freimachen zu müssen. Weil jedoch nichts in seiner Persönlichkeit krankhaft geschwollen ist, er niemals empfänglicher für die eine als für die andere Richtung ist und folglich stets allen Möglichkeiten offen gegenübersteht, *kann* der Weise sich mit der größten Gewandtheit am öffentlichen Leben beteiligen oder sich daraus zurückziehen, ganz nach den

Erfordernissen des Augenblicks[18]. Man könnte „Opportunismus" rufen – und es handelt sich in der Tat um einen Opportunismus –, doch darf man den ethischen Sinn nicht verkennen, der diesem zugrundeliegt. Ganz gleich, wie wertvoll sie auch sei, stellt jede Tugend, an der man festhält und die man bevorzugt, eine innere Bindung dar, die die Erneuerung unserer Persönlichkeit blockiert, unsere subjektiven Anlagen verkalkt und unsere Natur unfruchtbar werden läßt. Demgegenüber kann der Weise, dank seiner Fadheit, an allen Tugenden teilhaben, ohne sich in irgendeine zu verstricken, und er ist durch alle Wechselfälle des politischen Lebens hindurch stets bereit, sich – in aller Ruhe – der Dringlichkeit der Zeitläufte zu stellen: wie der Himmel scheint er sich oft zu verwandeln, ohne sich doch je zu krümmen.

Es verwundert daher kaum, daß die vorangegangene Analyse in folgender Schlußfolgerung mündet:

Aus diesem Grund muß man, wenn man einen Menschen ansieht und seinen Charakter beurteilt, zunächst seine Fähigkeit, flach und fade zu sein, in Betracht ziehen und sich erst danach nach seiner Intelligenz erkundigen.

Was wir hier vereinfachend mit dem Wort „Intelligenz" *(cong-ming[s])* übersetzen, entspricht im

59

Chinesischen dem zweifachen Vermögen zu „hören" und zu „sehen". Schon in der Sprache wird damit also die Idee angedeutet, daß auf der Basis der Fadheit-Flachheit, die als Grundlage des Charakters dienen soll, jede besondere Eigenschaft nur als die Wirkung eines inneren Gleichgewichts zum Ausdruck gelangen kann: die „Intelligenz", als die „Verständigkeit-Klarsichtigkeit", ergibt sich aus einer Übereinstimmung zwischen Gehör und Gesichtssinn, einer Entsprechung zwischen Innen und Außen, einer Harmonisierung zwischen *Yin* und *Yang*. Die Wirkung des Ausgleichs im Innern der menschlichen Persönlichkeit darf sich folglich nicht nur zwischen den grundlegenden „fünf Vermögen" (in der chinesischen Terminologie analog zu den „fünf Geschmäcken" und in Entsprechung zu den „fünf Elementen") abspielen, sondern auch inmitten jedes einzelnen dieser Vermögen (z.B. zwischen Aufrichtigkeit und Gewandtheit oder Sanftmut und Beharrlichkeit). Auch darauf muß man achten: die Betonung eines Aspekts auf Kosten eines anderen wirkt sich nicht immer zugunsten des bevorzugten Aspekts aus, sondern eher noch gegen ihn. Denn indem sie massig und grob wird, schränkt die hervorgehobene Fähigkeit ihr eigenes Anwendungsfeld ein; besser ausgeglichen würde sie auf „feinere" und „subtilere" (im Sinne von *jing*[1]) Weise

60

zum Ausdruck gelangen und sich nicht gefesselt sehen.

Dieses psychologische Loblied der Fadheit verdoppelt sich übrigens in einer „semiotischen" Rechtfertigung. Jede innere Eigenschaft hat ihr eigenes Zeichen, das sie in einer ihr typischen Weise nach Außen hin manifestiert: in der „Körperhaltung", der „Einstellung", dem „Verhalten", bis hin zum „Minenspiel" des Gesichts, dem Klang der Stimme oder dem Ausdruck des Blicks. Bei dem, der alle Eigenschaften gleichermaßen in sich besitzt, kann sich daher kein äußeres Zeichen auf Kosten eines anderen hervortun, nach Außen zeigt sich keine Eigenheit, und in den Augen der anderen weist seine Persönlichkeit nichts Bemerkenswertes auf. Der Ausspruch ist in dieser Hinsicht beredt: „Wenn die fünf Vermögen vollständig gegenwärtig sind, ist die Persönlichkeit eingehüllt in Fadheit [u]."[19] Und der Kommentator präzisiert: „Es gibt also keinen bestimmenden Geschmack". Der Ausdruck der Persönlichkeit ist nicht ausdrucksvoll, sondern abgeklärt, geläutert, „durchsichtig und klar".

Der vollkommene Charakter ist charakterlos, Flachheit ist Fülle. Die neue Aufmerksamkeit, die man der „sinnlichen Manifestation" einer unsichtbaren Realität *(zheng)*, dem konkreten Ausdruck der „spirituellen Dimension" *(shen)* und den verschiedenen „Symbolisierungen", die ihr entsprechen *(xiang^v)*, entgegenbringt, läßt gleichzeitig erkennen, daß man in China (um das dritte Jahrhundert) anfängt, sich von einer einheitlichen Sichtweise des Realen – kosmologisch, moralisch und politisch zugleich – zu entfernen: man beginnt, die Zeichen ihrer selbst wegen zu schätzen, das Bewußtsein der Fadheit nimmt eine ästhetische Ausrichtung an.

Die Wertschätzung für die Fadheit des Charakters verweist auf keine psychologische Theorie. Wir begegnen ihr in den Schriften der Biographen über die berühmten Persönlichkeiten der Epoche, deren inneren Reichtum man aus ihrem gleichgültigen und gelassenen Minenspiel erkennt.[20] Genauso scheint sie durch die buddhistisch inspirierte chinesische Bildhauerei hindurch, die damit ihren Aufschwung nimmt und die wir noch heute in den in Fels gehauenen heiligen Stätten, etwa in Datong, betrachten können. „Die Grundform des Gesichts ist flach und fade", sagt uns O. Siren[21], „sie weist kaum den geringsten Gesichtsschnitt auf." Die „ganze Würde, den klassischen Widerschein, die Urbanität" der gandhârischen Grundform, von der diese Skulpturen inspiriert sind, suchen wir vergeblich. Und dennoch, sagt auch Siren, beschwört dieser „fast nicht vorhandene" Gesichtsschnitt „eine gewisse innere Harmonie". Die Ein-

Abb. 3, *Die Fadheit im Portrait*
Stehender Buddha (Datong, Grotte XXIII)

drücke, die wir aus diesen Werken erhalten, sind „selbstverständlich flüchtig", so fährt er fort, und hängen stark von den Lichtverhältnissen ab, „dennoch sind sie keineswegs unbedeutend und zeigen genug, um zu bewirken, daß der Ausdruck spiritueller Ordnung in den besten Skulpturen von Yun-kang auch im Verlauf von Jahrhunderten nicht verblaßt ist: er bleibt für immer frisch und rein in einer grauen und trostlosen Umgebung".

Flüchtige und doch zugleich bleibende Eindrücke, Klarheit und spirituelle Dimension, schließlich die „graue und trostlose" Atmosphäre: so beginnen die komplementären Aspekte des faden Zeichens, sich zu einem Kunstwerk zusammenzufügen.

7

„Nachklang" und „Nachgeschmack"

Ab dem dritten Jahrhundert unserer Zeitrechnung kann man in China Schritt für Schritt das Aufkommen kritischer Urteile beobachten, die die pädagogische und moralische Funktion von der Wirkung der Kunst zu trennen beginnen. Unverkennbar hat sich seit langem ein ästhetischer Sinn herausgebildet, der sich allerdings bis jetzt nicht autonom behauptete, sondern von pragmatischen Rechtfertigungen abhängig blieb. Auf der einen Seite wird aus Anlaß einer Abhandlung über die Politik im Gewand des Vergleichs die heikle Aufgabe angesprochen, die Geschmäcke abzustimmen: das Wasser, das später als gebräuchliche Referenz der Fadheit dienen wird, soll als „ursprüngliches" Element am „Grunde" aller Geschmäcke anerkannt werden, man soll sich des „Unaussprechlichen" bewußt zeigen, das die Harmonisierung der Verschiedenheit des Geschmacks bedeutet, und

für das Ideal des subtilen Gleichgewichts eintreten, demzufolge „das Pikante nicht scharf" und
„das Fade nicht zu dünn" ist. Auf der anderen
Seite wird aus Anlaß einer Abhandlung über die
Moral (aber kann man Moral und Politik in diesem Zusammenhang überhaupt unterscheiden?) an fruchtbare Widersprüche appelliert,
denen zufolge „das Leere zugleich voll, das Fade
zugleich schmackhaft" ist – so wie bei dem
Mann, der „unter groben Kleidern ein Stück Jade
trug".[22] In der folgenden Passage, die parallel
über die beiden Formen der Erziehung nach-
denkt, die Riten und Musik darstellen, ist die
Argumentation zugunsten der Fadheit, selbst
aus Sicht der Erfahrung des „Schmeckens",
noch eindeutiger:

Buch der Musik, *Darum sah man die höchste Vollkommenheit*
eine alte kanoni- *der Musik nicht in der äußersten Entfaltung der*
sche Schrift des *Töne, ebenso wie es beim Ritual des Speise-*
ausgehenden *opfers nicht auf den größten Reichtum der*
Altertums, die *Geschmäcke ankam.*
zu einem Kapitel
des Buchs der *Die Saiten der großen Zither, auf der das Lied*
Riten wurde. Qingmiao *vorgetragen wurde, waren purpurrot,*
und der Boden des Instruments ward unverbun-
den gelassen; ein einzelner stimmte an und drei
andere begleiteten bloß. Und dennoch war der
Nachklang groß. Beim Ritual des großen Speise-
opfers stellte man dunklen Wein voran, auf den

Platten wurde ungekochter Fisch gereicht, und die große Suppe war ungewürzt. Und dennoch war da ein Nachgeschmack.[23]

Den Erläuterungen der Kommentatoren zufolge bewirkten die purpurroten Saiten, die mit überbrannten Seidenfäden umsponnen waren, daß der Klang „stumm" gemacht und gedämpft wurde, weil sie nicht so straff gespannt werden konnten. Dadurch daß der Boden des Instruments unverbunden blieb, wurde der Klang außerdem „verlangsamt". Daß ein einzelner Sänger das Lied anstimmte und drei andere ihn lediglich begleiteten, verweist schließlich auf die einfachste Form des Konzerts, ohne Beteiligung eines Chors. „Und dennoch war der Nachklang groß". Denn, wie eingangs angedeutet, ist die schönste Musik, diejenige, welche die größte Wirkung auf uns ausübt, nicht die, die den Klang bis zum Letzten ausbeutet. Der lauteste Ton ist nicht der eindringlichste: indem er unsere Sinne vollständig in Anspruch nimmt und sich als reines Sinnesphänomen konstituiert, läßt der bis zum Äußersten getriebene Klang nichts mehr übrig, was man von ihm erwarten könnte, und unser Sein ist entsprechend rasch von ihm gesättigt. Demgegenüber bergen die am wenigsten gut wiedergegebenen Töne die größte Verheißung, eben weil sie von dem Instrument –

der Saite oder der Stimme – nicht vollständig ausgedrückt, *veräußerlicht*, werden: sie bewahren, einem schönen chinesischen Ausdruck zufolge, noch einen „Rest" oder „Überschuß" von Klang *(yi yin[x])*, einen Nachklang. Sie verlängern und vertiefen sich (im Bewußtsein des Hörers) umso besser, je weniger bestimmt sie aktualisiert werden, je mehr sie sich entfalten können und etwas Geheimnisvolles und Virtuelles in sich bewahren – kurz: solange sie prägnant bleiben. Wie der Kommentator vermerkt, bleibt eine derartige Musik im Geist gegenwärtig und „wird nicht vergessen".

Das gleiche gilt für die Erfahrung des Geschmacks. Wenn die Opfergabe einem besonders feierlichen Anlaß gilt (wie dem Speiseopfer, das den königlichen Ahnen geweiht ist), wird das Ritual auf die äußerste Schlichtheit reduziert: der Fisch wird nicht gekocht, die Suppe nicht gewürzt. Derartige Schlichtheit kann nicht nur, als solche, Zeichen der Feierlichkeit sein, vielmehr ist der am geringsten ausgeprägte Geschmack – die am wenigsten gewürzte Speise – zugleich das Höchstmaß an potentiellem Geschmacksgenuß: nach Art des Nachklangs beschwört der „Rest" oder „Überschuß" von Geschmack *(yi wei[y])*, der Nachgeschmack, einen potentiellen Wert, der sich nicht erschöpfen läßt und umso begehrenswerter bleibt, je mehr er sich dem Verzehr entzieht.

Geschmack oder Klang, deren Diskretion sie mitteilsam macht und deren Zurückhaltung sie dem Kommenden öffnet: was beide an physischer Offenbarkeit verlieren, gewinnen sie an spiritueller Präsenz. Dem weiteren Text zufolge versuchte man weniger, das Begehren des Ohres oder des Gaumens „voll und ganz zu befriedigen", d.h. unsere Organe zu sättigen, als den Menschen das Gefühl für den „Weg" nahezubringen. Der Gegensatz der beiden Formen der Musik, derjenigen, die die Sinne berauscht, und derjenigen, die das Bewußtsein belebt, ist in China so alt wie bei uns der Konflikt zwischen Orpheus und den Sirenen und dem Groll des Platonismus. In dieser Passage sieht man deutlich, daß die moralische Reflexion, die im Hintergrund der Erörterung gegenwärtig bleibt, geeignet war, die Wertschätzung für die Fadheit zu erhöhen. Erhalten bleibt von ihr eine Analyse unserer Empfindungsvermögen (und der Erfahrung der Sinnlichkeit), deren Ergebnisse unmittelbar auf den Bereich der ästhetischen Reflexion übertragbar sind. Und das Motiv eines „Restes" oder „Überschusses" von Geschmack oder Klang wird, über den eigentlichen Bereich der Musik hinaus, auch in der Dichtung Anwendung finden.

8

Die stille Musik

Mißtrauen wir allzu leichtfertigen Annäherungen. Unter der Banalität des Gemeinplatzes (zum Thema: die Moral und die Musik) verbirgt sich hier eine wesentlich originellere und fruchtbarere Einsicht. Denn obgleich die Behauptung einer ethischen Bedeutung der Musik ein Thema ist, das in alten Gesellschaften immer wieder verhandelt wird und sich in Griechenland genauso findet wie in China, führt uns die Weigerung, den Klang bis zum Letzten auszubeuten, doch nicht zu dem klassischen, von Platon (*Politeia*, III, 398c-399e) geprägten Gegensatz zwischen verdorbener, da allzu expressiver – pathetischer oder schwächlicher – und empfehlenswerter, weil ernsterer und getragenerer Musik. Selbst wenn wir diese Opposition auch in China antreffen (die Verurteilung, die dort – im Namen des schlechten Einflusses auf die Sitten – hinsichtlich der Melodien von Zheng und Wei ausgesprochen wird, bestätigt die vom griechischen Philosophen in Umlauf gebrachte Verwünschung der ionischen und lydischen Tonarten...). Denn der „Nachklang", den die chinesische Tradition verlangt, wertet die Musik an sich auf und nicht nur aufgrund ihres guten Einflusses (auf die Gesellschaft); er verleiht ihr Macht und Schönheit.

Der Entschluß zu einer gewissen Zurückhaltung im Erzeugen von Tönen gründet sich auch nicht auf eine metaphysische Dimension der musikalischen Erfahrung, wie sie bei Plotin (in der Nachfolge des *Timaios*) oder den Kirchenvätern greifbar wird: letzteren zufolge wäre die Bedeutung der Musik anderswo aufzusuchen als im klanglichen Phänomen, weil dieses nur allegorischen Wert besitzt: als gäbe es eine unhörbare, gleichsam himmlische Melodie, die derjenigen überlegen wäre, die wir physisch wahrnehmen, als ob „die Musik in den sinnlichen Dingen" geschaffen wäre „von einer Musik, die ihr vorhergeht" und von der sie ihren Ausgang nimmt (*Enneaden*, V, 8, 1), und als enthielte ferner die vom Ohr wahrgenommene Musik eine verschlüsselte Botschaft, die das Geheimnis des Unsichtbaren offenbarte. Die chinesische Sichtweise verwirft, wie man weiß, den Gegensatz von „Sinnlichem" und „Intelligiblem" im Sinne zweier unterschiedlicher Realitäten, deren eine die andere verdoppelte und ihre Kopie wäre:

Musik könnte demnach nie von einer anderen Welt sein – sei es die der Sphären oder die der Engel.

Da in chinesischen Augen die einzige relevante Differenz im Bezirk des Realen ein Unterschied in der Finesse von Aktualisierung und Funktionieren ist, bleibt eine wesenhafte Kontinuität bestehen zwischen dem, was „grob" genug ist, um von den Sinnen wahrgenommen zu werden, und dem, was dazu zu subtil und nur einem anderen, feineren „Organ" zugänglich ist – unserem Geist *(jingshen)*. In ihrem gröbsten Stadium stellt sich die Realität zerstückelt dar, begrenzt und undurchsichtig; erst in einem feineren Stadium ihrer selbst läßt sie ihre Teile miteinander „kommunizieren" *(tong²)*, beseitigt sie Einschnitte und Blockaden und wird „klar". Jedoch ist dieses Stadium die Grundlage des vorhergehenden: es bildet den gemeinsamen, im Unsichtbaren verwurzelten „Stamm", von dem ausgehend sich das Gewucher der „Zweige" – nach Art der empfindungsfähigen Extremitäten – entfaltet.

Wenn also der „Nachklang" und seine Verlängerung der klanglichen Ausbeutung, die augenblicklich konsumiert wird, vorzuziehen sind, dann führen sie uns, in einer Weise, *die noch wahrnehmbar ist*, zu einem subtileren und zugleich grundlegenderen Erfassen der Realität: sie führen unseren Geist von seiner Zerstreuung auf der stets komplexen und zugleich augenfälligsten Ebene des „Geästs" zurück zur Einsicht in die gemeinsame und diskrete Schlichtheit, die am Anfang der Dinge steht und ihnen grundlegend bleibt. Die physische Dimension des Klangs wird nicht zugunsten transzendenter Paradigmen oder übernatürlicher Musik diskreditiert, doch muß sie Platz machen für ihre Vertiefung – durch Überschreitung – in die Stille.

Die Einsicht stammt erneut aus dem alten Taoismus. Damit kommen wir zurück zu dem Vergleich, der den *Grund* des Stamms dem Ende der *Zweige (ben-mo*[a]*)* entgegensetzt, nun angewendet auf die Musik. Wenn den „Glocken und Trommeln", aus denen sich das Orchester zusammensetzt, und den begleitenden Bewegungen des Ballets bei der Betrachtung des musikalischen Phänomens in seiner Gesamtheit lediglich die Rolle der „Zweige" zukommt, so deshalb, weil dieses letzte Stadium des Spiels der Instrumente und der klanglichen und visuellen Manifestation nurmehr das kodifizierte und faßbare Ergebnis eines Harmonievermögens ist, dessen Wirksamkeit sehr viel höher, noch oberhalb der Klänge selbst anzusiedeln ist.[24] Vom Diesseits der konkreten Aktualisierung aus betrachtet, wo die melodischen Virtualitäten noch vollständig und unbegrenzt sind, stellt jede Mu-

Zhuangzi, 4. Jahrhundert vor unserer Zeitrechnung

sik, die vorgetragen wird, nur eine einzelne und erstarrte Veräußerlichung dar: entsprechend dem Einsatz von „Züchtigungen und Belohnungen" im Vergleich zum Gesamtprozeß der Erziehung (den es lediglich sanktioniert) oder dem rituellen „Weinen" und den „Trauerkleidern" im Verhältnis zur Grenzenlosigkeit des Schmerzes. Wer diesen spektakulären und ausgeprägten Manifestationen verhaftet bleibt, verliert den tieferen Sinn der Phänomene: die fünf Noten der Tonleiter führen letztlich zu keinem anderen Ergebnis, als den Menschen taub zu machen, wie auch „die fünf Farben ihn blind" oder „die fünf Geschmäcke seinen Gaumen gefühllos" werden lassen.[25] Dies ist ein Gemeinplatz des Taoismus: in der gleichen Weise wie er seine Sicht vergeistigt, vermag der Weise der Stille zu lauschen, und in diesem Stadium nimmt er die Harmonie wahr.[26]

Das chinesische Denken des Altertums hat die Spannung sogar noch weiter getrieben, indem sie dem erzeugten „Ton", als rein physischem Phänomen, seinen als sein Vermögen zur Harmonie *(sheng* et *yin* [b']) verstandenen „Klang" gegenüberstellt, denn es unterstellte, daß die beiden Seiten ein Paar bilden nach Art aller Gegensätze, vorher-nachher, oben und unten, groß und klein.[27] Im Licht dieses Kontrasts ist ein Ausspruch zu verstehen, der zur Losung geworden ist: „Groß ist das harmonische Vermögen – der Ton vermindert".[28] Eine Wendung, die bis zum Paradox ausgedehnt wurde und die dadurch, daß sie alle klanglichen Ergüsse (jede harmonische *Schwächung*) ostentativ unterbindet, den chinesischen Sinn für Musik befruchtet hat. Einer der tiefsten Denker der chinesischen Tradition kommentiert sie im dritten Jahrhundert:

Wenn man lauscht und doch nichts hört: das nennt man „verminderter Ton". Das „große harmonische Vermögen" ruft einen Klang hervor, den man nicht hören kann. Sobald Töne erzeugt werden, gibt es Unterteilungen; sobald es Unterteilungen gibt, gibt es jene eine Note, statt dieser anderen, und man kann das Ganze nicht mehr beherrschen. Aus diesem Grund ist „das große harmonische Vermögen" nicht da, wo Töne erzeugt werden.[29]

Laozi,
kommentiert von
Wang Bi,
3. Jahrhundert.

Auch im Bereich des Visuellen ist das „große Bild" ohne besondere „Form" (als einmalige „Aktualisierung"), es enthält alle möglichen Konkretisierungen in sich. So gilt für die Tonleiter gleichermaßen wie für die Farben und die Geschmäcke: ein Geschmack kann nur auf Kosten eines anderen hervortreten, jede Note der Musik schließt im selben Moment, in dem sie erzeugt wird, die anderen aus. Man erkennt hier unser geflügeltes Wort *Omnis determinatio est negatio* wieder. Umgekehrt ist das, was „ohne Klang" oder „ohne Form" ist, imstande, „mit allem, was es auch sei, zu kommunizieren" und „überall hinzugelangen".[30] Die wahrhafte Harmonie kann nur in einem Stadium existieren, das jeder Differenzierung vorausgeht, wie eine andere Passage aus den Klassikern des Taoismus erklärt, die uns die Stufen der Weisheit Schritt für Schritt hinabführt:

Zhuangzi, 4. Jahrhundert vor unserer Zeitrechnung, kommentiert von Guo Xiang, 3. Jahrhundert.

Im Altertum gab es Männer, deren Wissen an Vollkommenheit heranreichte. Sie nahmen an, daß es gar nichts gesondert Vorhandenes gibt. Das war eine vollkommene, endgültige Erkenntnis, der man nichts hinzuzufügen wußte. Auf der Stufe darunter nahm man an, daß es zwar gesondert Vorhandenes gibt, aber kein individuelles Los, das jedem eigen ist. Noch eine Stufe darunter nahm man an, daß es zwar ein individuelles Los gibt, das jedem eigen ist, aber keinen Gegensatz zwischen dem Positiven und dem Negativen. Mit dem Auftreten eines Gegensatzes zwischen dem Positiven und dem Negativen ging der Weg verloren, und mit dem Verlust des Weges sind einseitige Vorlieben entstanden.[31]

Hier wird die logische Verbindung hergestellt, die fortan die beiden entgegengesetzten und doch komplementären Seiten von „Sich-Ereignen" und „Verlust" verbinden wird: vom selben Moment an, in dem die uranfängliche Einheit zerstört wird, sich etwas ereignet, führt es in den Ruin.

Als Beispiel wird der berühmte Musiker Zhaowen angeführt:

Wenn sich etwas ereignet und zugleich verloren wird, dann ist das so, als spielte Zhaowen die Zither.

Wenn sich nichts ereignet und nichts verloren wird, dann ist das so, als spielte Zhaowen nicht die Zither.

Der Kommentator erklärt, daß der Musiker, ganz gleich, wie begabt er ist und wie groß das Orchester sein mag, sobald er zu spielen anfängt, einige Töne sich verlieren und andere sich ereignen läßt. Solange „der Ton nicht ausgedrückt wird, bleibt er allumfassend und ganz". Indem Zhaowen darauf verzichtet zu spielen, sich also weigert, in das Spiel des gesondert Vorhandenen, der getrennten Individualitäten und schließlich des Dafür und Dagegen einzutreten, behauptet er sich im höchsten Stadium des Musikalischen. Und der Weisheit.

Auf dieses Loblied der musikalischen *Zurückhaltung* antwortet das Ende eines Gesprächs zwischen Konfuzius und seinen Schülern. Hütete man sich hier, die harmonische Totalität sich

Gespräche
des Konfuzius,
von seinen
Schülern
aufgezeichnet

teilen und sich selbst entgegensetzen zu lassen, sind es dort vereinzelte, diskret ausgesandte Töne, die in die Stille zurückkehren. Einer Passage der *Gespräche* zufolge[32] fordert Konfuzius eines Tages die um ihn sitzenden Schüler auf, frei heraus zu sagen, was sie gern täten, wenn ihre Verdienste zu guter Letzt doch anerkannt würden und sie ihr ganzes Talent zur Entfaltung bringen könnten; damit sie noch ungezwungener antworten, lädt er sie sogar dazu ein, für einen Augenblick zu vergessen, daß er älter ist als sie – und das ist in China, als Aussage eines Meisters, von großer Bedeutung! Ein erster Schüler antwortet ohne zu zögern, daß er es an der Spitze eines kleinen Landes, auch wenn dieses im erbärmlichsten Zustand sei, binnen drei Jahren schaffen würde, die Ordnung wiederherzustellen. Ein anderer, bescheidenerer traut sich lediglich zu, in drei Jahren den Wohlstand der Einwohner zu sichern, während er die Sorge um deren moralische Erhebung weiseren Männern überlassen will. Ein dritter will sich, noch vorsichtiger, damit begnügen, die Rolle eines einfachen Gehilfen im Ahnentempel auszufüllen, namentlich bei diplomatischen Anlässen. Als schließlich der letzte Schüler, Dian, gefragt wird, schlägt er eine allerletzte Note auf der Zither an, auf der er die ganze Zeit leise weitergespielt hatte, und läßt den Ton seine Schwingung erschöpfen und ver-

gehen (nach einer anderen Interpretation „verlangsamt" sich seine Hand auf den Saiten und
erzeugt noch ein paar letzte, seltenere und zarte-
re Noten, und ist es der Klang der auf den Boden
gelegten Zither, der nach und nach erlischt). Die
Antwort, die Dian anbietet, als er seine Zurückhaltung endlich aufgibt, ist von völlig anderer Art:

*Gern würde ich im späten Frühling, wenn man
schon leichtere Kleider trägt, mit fünf oder sechs
Gefährten und sechs oder sieben Knaben im
Flusse Yi baden, mich auf dem Regenaltar von
einer kühlenden Brise trocken wehen lassen und
schließlich singend heimwärts ziehen.*

Zum Abschluß sagt der Meister dann mit einem tiefen Seufzer: „[Dian], ich halte es mit Dir!"

Das Ende der Passage, das als Kommentar
zu diesem Dialog dient, bestätigt, daß die ersten drei Antworten ausnahmslos Sorgen aus
dem Bereich der Politik ausdrücken, wenn auch
auf immer weniger großsprecherische Art und
Weise, zunehmend indirekt und verschleiert.
Aber trotz ihrem geschickten Decrescendo sprechen alle drei vom Ehrgeiz, eine Rolle zu spielen – und so bleibt die Zustimmung des Meisters vorerst aus. Dians Antwort reiht sich ihrerseits nicht in die Nachfolge der vorhergehenden
ein, sondern kehrt ihnen den Rücken, sie ist anderswo, auf einer anderen Ebene angesiedelt.

Doch ist dieser Wechsel im Tonfall bereits in der ersten, unendlich diskreten Antwort eines erlöschenden Klangs enthalten – und angekündigt. In der einfachen Rückkehr eines Tons in die Stille, die die Perspektiven vertauscht – und anderes hörbar werden läßt. Sie schafft ein Innehalten, eine Pause. Wirksamer als jeder artikulierte Diskurs, als jeder theoretische Beweis bricht der sich langsam auflösende Klang mit den zuvor geäußerten Anliegen: im Rückblick macht er – jedoch ohne in aggressiver Weise zu werten, wie es die Rede täte – verständlich, wie lächerlich solcherart dringend erscheinende Wünsche sein können. Es reicht, sich von der individuellen Rolle zu lösen, die jeden von uns gefangenhält, um den Zugang zu einer anderen Dimension der Existenz zu eröffnen: einer Dimension, die nicht mehr ins Jenseits der persönlichen Ambitionen übertragen, sondern in der unmittelbaren Harmonie der Welt entdeckt wird, im vollkommenen Einklang sowohl mit den Menschen als auch mit der Natur, dem Wasser und dem Wind – wahren „Ferien" gleich, wie Konfuzius sie schätzte.

Es sich versagen, mit dem Spiel zu beginnen, oder die letzten Töne sich ins Unhörbare vertiefen lassen: die Musik steht zwischen diesen beiden Bestrebungen, die sie beide in ihrer konkreten (künstlichen, vergänglichen) Realität herabmindern und zu einer idealen, da totalen Existenz aufrufen. Zwischen ihrem Zögern, sich zu ereignen, und ihrem Verlangen, wieder aufgesogen zu werden, greift die vorgetragene Melodie nur ein, um den stillschweigenden und vollkommenen Akkord, aus dem sie entsteht und in den sie zurückkehrt, spürbarer werden zu lassen. Die *innere* Empfindung des Musikalischen hat Vorrang (vor jeder materiellen und also äußerlichen Erzeugung). Zur Bestätigung zitiere ich ein Gedicht aus der Song-Zeit, in dem die beiden Haltungen von Dian und Zhaowen parallel beschworen werden, trotz ihrer unterschiedlichen „taoistischen" bzw. „konfuzianischen" Stimmlage vereint im selben Bewußtsein einer unaussprechlichen Harmonie:

> *Blumen ragen rot aus der Vase*
> *Weihrauch steigt auf in Spiralen.*
> *Weder Fragen noch Antworten,*
> > *das* Ruyi *achtlos am Boden.*
> *Dian ließ den Ton seiner Zither vergehen,*
> *Zhao enthielt sich des Saitenspiels:*
> *In all dem ist eine Melodie, die man singen*
> > *und nach der man tanzen kann.*[33]

Su Dongpo, 11. Jahrhundert, kommentiert von Wang Shizhen, 17. Jahrhundert

Auf Anhieb situieren wenige Zeichen die Szene (der Weihrauch, die Mäeutik von Fragen und Antworten, die in das extreme Stadium ihrer Umkehrung und der Aufgabe aller Rede getrieben wird, bis hin zu dem achtlos im Zimmer herumliegenden *Ruyi* – dem „Wie-es-Ihnen-gefällt", dem Stab, mit dem man sich den Rücken kratzt): offenkundig beschwört das Gedicht selbst eine buddhistische Meditation, im Stile des *chan* (japanisch: *zen*). Ein viel späterer Kritiker, der das Gedicht zitiert, lobt es sogar dafür, „vollkommen" mit einer aus den buddhistischen Schriften bekannten Situation „übereinzustimmen", in der „Śākyamuni sich damit begnügt, eine Blume zu pflücken, und sein Schüler ihn zur Antwort anlächelt".[34] Alles läuft in diesem Achtzeiler darauf hinaus, Grenzen und Unterteilungen zu überwinden (bis hin zu den Unterschieden von Meinungen oder Überlieferungen: Konfuzianismus / Taoismus / Buddhismus), jede exklusive Individualisierung auszuschließen. Die Blumen bilden nur einen einzigen roten Fleck am oberen Rand der Vase, der Weihrauch löst sich in Spiralen auf... Jede Zerstückelung der Fülle wird vermieden, und das Ergebnis davon ist eine virtuelle, endlose und dennoch umso stärker gegenwärtige „Musik der Stille" – nach der man sogar tanzen kann!

Noch ein weiteres, nicht weniger berühmtes Motiv der chinesischen Tradition unterrichtet uns von dem aktualisierenden Bruch, aus dem die erzeugten Töne individuell geboren werden, und bestätigt uns in unserer Anhänglichkeit an eine beschwörende Macht einer Musik, die nie ausgedrückt wird, sondern verschlossen bleibt. Hier ist ein Dichter, der in China, mehr als jeder andere, als Dichter des „Naturells" anerkannt ist: Sein Name steht für eine nur ihm eigene Form der Existenz, frei von jeder Aufdringlichkeit und Großsprecherei, und seine Verse treiben die Schlichtheit bis zur Extase. In seiner Biographie in den *Dynastiegeschichten* heißt es:

Tao Yuanming verstand sich nicht auf Musik, aber er bewahrte bei sich eine einfache Zither ohne Saiten auf. Und immer wenn er, dank des Weins, ein Gefühl der Fülle empfand, berührte er die Zither, um auszudrücken, wonach sein Herz strebte.[35]

Tao Yuanming, 4.-5. Jahrhundert, der Dichter des Naturells

Die Zither wurde rauh und unverziert belassen, und vor allem fehlen ihr die Saiten: der Dichter muß „sich nicht abmühen", jede einzelne Note „oberhalb der Saiten" zu erzeugen, der Korpus des Instruments enthält in sich – und simultan – alle möglichen Töne (dies natürlich nach dem Bild des kosmischen Tao). Die Vermittlung der Saiten, ihre Verwendung zum Vortrag sind nutzlos geworden, ja sie stellen sogar ein Hindernis dar. Genauso würde die notwendige Entfaltung jeder gespielten Melodie – in der einzig möglichen linearen Dimension – die Solidarität am Grunde der empfundenen Harmonie zerschlagen. Denn, wie wir gesehen haben, im selben Moment, in dem er sich aktualisiert, isoliert sich jeder Ton und sondert sich von allen anderen ab. Es geht also nicht darum, zwischen verschiedenen Aspekten zu unterscheiden oder die Gefühle zu einer sukzessiven und selektiven Zerstreuung in der Zeit zu nötigen. Ebensowenig handelt es sich um ein Phänomen der Illusion oder einer rein fiktiven Verdopplung: die zwar nur angedeutete, aber doch reale Geste, mit der Hand über den Korpus der Zither zu streichen, gibt es sehr wohl, sie ist von einer globalen Bewegung beseelt und von keinem Fingersatz zerstückelt. Als solche trägt sie die ganze Musikalität der Musik in sich und spielt auf das gesamte harmonische Vermögen aller Klänge an.

9
Fadheit des Klangs

So also wäre der „fade" Ton: eine Abschwächung, die sich immer weiter zurückzieht und
die man so langsam wie möglich verklingen
läßt. Noch hört man ihn, doch kaum; indem er
immer weniger wahrnehmbar ist, läßt er das
stumme Jenseits, in dem er sich verlieren wird,
immer stärker spürbar werden; was er hören
läßt, ist seine eigene Auslöschung, seine Rückkehr in den großen ungeteilten Grund. Sich zer-
streuend gewährt er uns schrittweise Zugang
vom Hörbaren ins Unhörbare und läßt uns den
– kontinuierlichen – Übergang vom einen zum
anderen nachempfinden; indem er sich allmählich von seiner klanglichen Materialität befreit,
führt er uns an die Schwelle des als Fülle empfundenen Stille – zur Wurzel aller Harmonie.

Die vollkommene Harmonie, wir haben es
gesehen, kann nur in einem Zustand vor aller
Aktualisierung existieren – oder, andernfalls,

nach ihr als Rückkehr ins Ungeteilte: bevor und nachdem Modalitäten einander bestätigen, Merkmale sich voneinander abheben und Gegensätze bilden, wo also der Fluß der Existenz noch einheitlich ist, seine Spannungen latent bleiben oder einander aufwiegen – anstatt einander zu verstärken. Genauso ist im Gegensatz zu allen künstlichen Trennungen, zu jeder aggressiven Begleiterscheinung, die gelassene Tiefe des „Tao". „Fadheit" und „Stille" bestimmen es gleichermaßen:

Abhandlung über die Musik, von Ruan Ji, 3. Jahrhundert.

Der große Prozeß der Natur ist einfach und ungezwungen, und auch die schönste Musik ist nicht kompliziert. Die Tugend des Tao ist flach und fade, auch gibt es hier weder Klang noch Geschmack. Weil die Musik nicht kompliziert ist, kommunizieren Yin und Yang von sich aus miteinander; weil kein Geschmack da ist, ist alles Vorhandene von sich aus erfreut.[36]

Diese Zeilen sind einer Abhandlung entnommen, in der noch die politisch-moralische Interpretation der Musik vorherrscht, wie sie vom Altertum ererbt wurde. Auch wird die ideale Bestimmung „weder Klang noch Geschmack" nicht erläutert (die sich hier eher unmittelbar auf das „Tao" selbst als auf die Musik bezieht).

Aber man kann (angesichts des Zögerns, die Fadheit zu charakterisieren) auch weiter fragen.

Die Frage wäre jetzt: Wie kann man von der Fadheit sprechen, und: kann man über sie schreiben? Liegt es nicht in der Logik der Sache, daß man darauf verzichten muß, sie zu erörtern (aus Furcht vor einem allzu drängenden Diskurs) und aus ihr Schlüsse zu ziehen (um zu verhindern, in falsche Gegensätze zurückzufallen)? Beides, um nicht Gefahr zu laufen, etwas zu entstellen, was sich dem Diskurs eben gerade nie als isolierba-res und typisches Objekt darbietet (wir erinnern uns, daß das Wort „fade", *dan*, zugleich auch die innere Loslösung bezeichnet). Der Diskurs seinerseits kennt nichts anderes, als immer weiter zu vereinzeln, immer präziser abzugrenzen; ich möchte demgegenüber vom Neutralen, der Gleichgültigkeit, dem Übergang sprechen. Es handelt sich dabei um etwas Unsagbares, das nicht nur nicht absolut ist (im metaphysischen oder theologischen Sinn: das, was prinzipiell alle Rede transzendiert und mit ihr unvereinbar ist), sondern *relativ:* das, was aller Rede zugrundeliegt, was aber jedes Wort verlieren muß, sobald es beginnt, es zu benennen. Je weniger man daher sagt (je mehr man sich des Sagens enthält), desto besser drückt man die Fadheit aus: indem sie sich selbst verwischt, wird die Rede zu einem Mittel, die Fadheit zu beschwören.

Darüber hinaus zog man es in China vor, auf

dieses Motiv lediglich hinzuweisen oder darauf anzuspielen. Es werden nur Zeichen in Richtung auf dieses Streben nach Bedeutung gegeben, das ja gerade die Auslöschung der Bedeutung darstellt. Aus diesem Grund ist die musikalische Fadheit ein beherrschendes Thema des poetischen Ausdrucks, vor allem am Ende des Gedichts: die poetische Rede zieht sich nach Art des Klangs zurück, den sie beschwört. So feierten die Dichter der Tang-Zeit den Nachklang, der sich, von der Saite der Zither ausgesandt, über das ganze Universum ausdehnt und den faden Klang der letzten Akkorde, der uns von der vorgetragenen Musik loslöst und zu innerer Sammlung geneigt macht.

Der sich zerstreuende Ton vermischt sich mit der Natur und eröffnet das ganze Ausmaß des Raumes. Von der Schönen, die in leichte Schleier gekleidet singt und tanzt, heißt es:

Li Bo,
der Dichterfürst,
8. Jahrhundert

Eine leichte Brise trägt ihren Gesang in die
*   Leere:*
Die Melodie schwärmt von selbst um die
*   vorbeitreibenden Wolken herum –*
*   und fliegt davon.*[37]

Das Motiv eines spontanen „Schwärmens" der Melodie um die Wolken erinnert an eine berühmte Episode aus den Klassikern des Taoismus. Es war einmal ein junges Mädchen, das auf dem Weg nach Qi, nachdem es seine Vorräte aufgebraucht hatte, in einem Gasthaus sang, um seinen Lebensunterhalt zu verdienen. Doch als sie diesen Ort verlassen hatte, „schwärmte drei Tage lang ein Nachklang um die Dachbalken des Hauses herum, ohne zu verklingen, so daß man in der Umgebung glaubte, sie sei noch nicht gegangen"[38]. Ein anderes Gedicht nimmt das Thema auf, beraubt es jedoch aller beiläufigen Sinnlichkeit. Es spielt darauf an, indem es das Gefühl der Unendlichkeit betont:

> *Der Nachklang überquert den Fluß und*
> *   entschwindet:*
> *Wo soll man ihn am Rand des Himmels*
> *   wiederfinden?* [39]

Dieser Frage ist das Gedicht gewidmet. Das andere Ufer des Flusses und bis zum Horizont des Himmels: die Beschwörung des Nachklangs ist gepaart mit einer maximalen Ausdehnung der Landschaft; gleichzeitig eröffnet die abschließende Frage das Unhörbare, gewährt Zugang zum Unsichtbaren. Das gleiche gilt für diesen berühmten Achtzeiler:

> *Ein Mönch von Shu, mit seinem Saitenspiel,*
> *Kam von des Emei Gipfel talwärts gegangen.*
> *Für mich rührt er noch einmal die Hand:*
> *Das war, als wenn rings in den Schluchten*
> *   die Kiefern sangen.*

Mein Herz, das fremde, wusch in den
  Strömen sich rein;
In frosterweckte Glocken fiel ein der
  Nachklang.
Unbemerkt war auf den Bergen Abend.
Herbstliche Wolken verdunkelten
  Hang um Hang.[40]

Heidegger zitierend vergleicht Maurice Blan-
chot die Gedichte, die aus der lärmenden Umgebung der „unpoetischen Sprache" hervorgehen,
mit einer freischwebend aufgehängten Glocke,
bei der „schon leichter Schnee, der auf sie fällt,
genügt, um sie zum Schwingen zu bringen". Das
gleiche Bild findet man in diesem Vers. Auch
nach einer alten chinesischen Bemerkung „klingen die Glocken, wenn der Rauhreif fällt". Hier
jedoch ist das Motiv von bemerkenswerter poetischer Dichte. Denn die solcherart zum Klingen
gebrachte Glocke könnte wirklich sein (vgl. die
Bezugnahme auf den Herbst, die Jahreszeit des
Rauhreifs, im letzten Vers und desgleichen die
Nähe zum Kloster, die durch die Person des
Mönchs angedeutet wird). Sie ist aber auch me-
taphorisch. Denn mir scheint man könnte eben-
sowohl verstehen, daß der „Nachklang" der auf
der Zither vorgetragenen Melodie in das „fremde", von allen Verschmutzungen reingewasche-
ne Herz „eindringt" (vgl. den Parallelismus zum

vorhergehenden Vers): taktvoll aufgefordert von der Musik beginnt das Bewußtsein des Hörers, wie die Glocke, wenn ein wenig Rauhreif auf ihr niedergeht, innerlich widerzuhallen. Davongetragen von dieser Verlängerung der Melodie ist sich der Dichter „nicht mehr bewußt", daß der Abend einfällt. Schließlich gebiert das Jenseits des Klangs das Jenseits der Landschaft: zur selben Zeit, als sich der Klang verlängert, verschattet und verdunkelt sich die Landschaft. Im verfinsterten Himmel höhlen die aufgetürmten Wolkenberge die Unermeßlichkeit aus.

Auf der eigentlich musikalischen Ebene sind es die Abschwächung des Tons und die immer größeren Zwischenräume, die die „Fadheit" hervorbringen. Nachdem er die Ästhetik des „Nachklangs" in Erinnerung gerufen hat, die dem alten Ritual teuer war (lockerer gespannte Saiten, der Boden des Instruments unverbunden, keinerlei Orchesterbegleitung), sagt der berühmte Dichter:

Die Melodie fade, der Rhythmus gesetzt, die Töne gering an Zahl. [41]

Bo Juyi,
8.-9. Jahrhundert.

Oder auch:

Langsamer Rhythmus, entspanntes Spiel:
In tiefer Nacht eine einfache Melodie.
Sie dringt ins Ohr, fade und ohne Geschmack;

*Das Herz ist ruhig, die Gefühle ganz bei
sich.* [42]

Ob man weiterspielt oder nicht, so schließen
die folgenden beiden Verse, ist kaum von Belang, denn man spielt ja nicht für die anderen,
sondern für sich, und weil schon der Reichtum
der hervorgerufenen Gefühle auf die Fadheit des
Klangs, die in das Ohr eindringt, antwortet. Wenn
sich das Herz an diesem Moment der Stille erfreut, so deshalb, weil die Fadheit der letzten
Noten es von einem zu präzisen Bewußtsein
befreit und den Gegensatz aufhebt:

*Der Geist ruhend – die Töne fad:
Keine Vergangenheit mehr und keine
Gegenwart.* [43]

Fadheit der Töne – Loslösung des Bewußtseins. Das Bewußtsein macht sich nicht nur von
der Geschäftigkeit der Welt frei, von seinen äußeren Bezügen, sondern zugleich auch vom
Einfluß der Musik selbst, und zwar in dem Maße,
in dem diese Empfindung und Spannung impli-
ziert. Die Fadheit schafft Distanz, vermindert die
Bereitschaft zur Rührung, läutert unsere Eindrücke:

*Der Mond geht auf, die Vögel nisten sich ein –
es ist vorbei:
In der Stille liegt – der leere Wald.*

Die Welt des Bewußtseins ist jetzt in Frieden,
Man kann auf der ungeschmückten Zither
    spielen.
Klarheit und Kälte kommen aus dem Gehölz,
Ruhe und Loslösung vereinen sich in des
    Menschen Herz. [...]
Der Ton verlängert sich – alle Bewegungen
    brechen ab;
Die Melodie verklingt – die herbstliche Nacht
    vertieft sich.[44]

Was endet, sind die unzähligen Bewegungen der Welt bis hin zu der Melodie, die man spielt; was dauert (und sich entfaltet), ist der geläuterte Klang, die innere Sammlung. In diesem Zwischenraum zwischen Musik und Stille dient die Fadheit als Schwelle zur inneren „Vertiefung", ruft sie auf zur Entdeckung der Nacht.

10

Die Fadheit wechselt das Vorzeichen in der Literatur

Auch wenn die chinesische Dichtung sich für eine feinsinnige Würdigung der musikalischen Fadheit hergab, blieb die Anerkennung einer eigentlich literarischen Fadheit vorerst aus. Erst nach und nach und anfangs in negativer Hinsicht wird die Fadheit zu einem Kriterium des poetischen Werts. Es würde daher die Mühe lohnen, eine Geschichte dieses Terminus in der chinesischen Literaturkritik zu entwerfen, und zwar insofern, als diese Geschichte die Gründe enthielte, die, parallel zur Entwicklung der chinesischen Dichtung selbst, zu einer solchen Umwertung geführt haben: die Möglichkeit einer positiven Bedeutung der Fadheit würde zugleich den langen Reifungsprozeß des ästhetischen Bewußtseins in China erhellen.

Als ein hanzeitlicher Schriftsteller, im ersten Jahrhundert unserer Zeitrechnung, den allzu ungehobelten Charakter seiner Prosa zu rechtfertigen sucht, wird die Geschmacklosigkeit, von der dabei die Rede ist, offensichtlich als Manko bewertet.[45] Noch charakteristischer: als man im Zusammenhang mit der Literatur den „Nachklang" zu beschwören beginnt, der der ungeschliffeneren und würdevolleren Musik der purpurroten Saiten eignet, oder den „Nachgeschmack" der ungewürzten Suppe, die beim großen Speiseopfer gereicht wird, werden diese Gemeinplätze nicht mehr verstanden. Sie werden beschworen, um auf einen Mangel an literarischer Schönheit aufmerksam zu machen. Genau dies geschieht im ersten großen Text poetischer Reflexion der chinesischen Überlieferung, um in einer Untersuchung, die mögliche Schwächen Revue passieren läßt, deren letzte abzuurteilen:

Oder [dein Ausdruck] *ist rein und leer und*
    enthält sich jeder Hervorhebung,
Alles Komplizierte ist beseitigt, und das
    Überflüssige ist abgetan;
Er hinterläßt den „Nachgeschmack der
    großen Suppe",
Und gleicht den klaren Tönen der
    purpurroten Saiten:
Mag dies sein, als ob „einer anstimmt und drei
    andere ihn begleiten",

„Prosagedicht über die Literatur" von Lu Ji, Anfang 4. Jahrhundert

So ist er darum gewiß vornehm, doch fehlt
es ihm an Charme.[46]

Ein sinnlicher und verführerischer „Charme"
(*yan*) anstelle der vergänglichen „Klarheit" des
„Leeren" [c']: das ist der höchste Wert, der der Literatur zugeschrieben wird, als sie ihrer selbst im
dritten und vierten Jahrhundert bewußt zu werden beginnt. Die Epoche ist dem ornamentalen
Wert des Diskurses besonders verhaftet –den
sie in bewundernswerter Weise ausbeutet –, und
es ist die ästhetische Dimension der Literatur, die
sie vor allem fasziniert (später wird man sogar
soweit gehen, diesen Geschmack als „ästheti-
sierend" zu kritisieren). Die Klarheit des „Leeren"
wird im übrigen gerade erst durch die (in der
„Yongjia-Ära": 307-311) aufkommende Mode
derer repräsentiert, die, begeistert vom philoso-
phischen Taoismus, den man in dieser Zeit (als
auch der Buddhismus nach China einzudringen
beginnt) wiederentdeckt, eine Dichtung kompo-
nieren, die viel eher aus Verstand als aus Gefühl
besteht. Ein späteres Urteil bestätigt es: „In der
Yongjia-Ära hing man taoistischen Lehren an
und pries Gespräche über die Leere: in den Gedichten aus dieser Zeit obsiegt die abstrakte
Reflexion über den literarischen Ausdruck, und
so ist die Literatur fade und hat wenig Geschmack."[47] Einem weiteren Dichter wird zuge-

schrieben, „die Entwicklung des Stils von Flachheit und Fadheit der Yongjia-Ära angeregt" zu
haben.[48] Flachheit und Fadheit werden also ne-
gativ beurteilt, doch nimmt man auch schon
wahr, woher der folgende Wertewandel kommen
wird: wenn nämlich die Dichter nicht mehr die
„Leere" und die „Durchsichtigkeit" zum Objekt
des Diskurses machen und ihre Intuition nicht
mehr direkt in metaphysische Formulierungen
legen, die Klischee geworden sind, sondern sie
über eine Landschaft zum Ausdruck bringen, die
von ihren Empfindungen durchtränkt ist. Die
Dichtung ist demnach aufgerufen, das Unsichtbare über das Sinnliche zu erfassen, die Leere
im Ausgang von den Bildern zu beschwören.
Und damit wäre die Fadheit auch nicht mehr die
letztgültige Dürre eines zu abstrakten Sinns, sondern eine unbestimmte *Atmosphäre*, die das
Gedicht durchzieht: die Empfindung einer notwendigen Überschreitung der Materialität der
Dinge, die Erfahrung eines nicht drängenden,
sondern stets flüchtigen und immer entfernteren
Sinns.

Im Inneren des kritischen Diskurses endet die
immer größere Bedeutung, die der Würdigung
des Geschmacks *(wei)* zugemessen wird, damit,
daß aus der Fadheit eine Qualität gemacht wird.
Der Bezug auf den Geschmack ist in den großen
Werken der Literaturkritik geläufig und zeichnet

*Zwei bedeutende
Werke der
Literaturkritik:*
Wenxin diaolong
und Shipin
*(1. Hälfte des
6. Jahrhunderts)*

97

sich vor allem durch zwei Merkmale aus. Einerseits wird der literarische Geschmack häufig im Zusammenhang mit der Authentizität der verspürten Empfindungen verstanden;[49] bezeichnenderweise wird er insbesondere mit der typischen Beschwörung eines Aspekts der durch die Empfindung begriffenen und symbolisch gewordenen Landschaft (dem *xing*[d]) in Verbindung gebracht.[50] Auf der anderen Seite wird er vor allem wegen seines unfaßbaren und zugleich unerschöpflichen Charakters gefeiert: er hört nicht auf, sich in alle Richtungen zu verbreiten, genauso leicht und unbestimmt wie der Wind, und wie dieser umfängt er uns auf unsichtbare Weise:

> *Tiefgründige Texte sind verborgen und*
> *blühend zugleich,*
> *Ein Rest von Geschmack umhüllt alle*
> *ihre Teile*[e'].[51]

Hier bezieht sich der „Nachgeschmack" also auf die Literatur. Durch ihn wird der Leser in die Lage versetzt, zu „schmecken, ohne jemals satt zu werden"; sein Geschmackserlebnis „ist grenzenlos".[52] Emotionale Tiefe, unwägbarer Charakter, unendliche Entfaltung: die Würdigung des Geschmacks orientiert sich von sich aus hin zur Wertschätzung der Fadheit.

Als in der darauffolgenden Epoche, unter der Tang-Dynastie, der Terminus „Fadheit" *(dan)* mit einem positiven Beiklang in den kritischen Diskurs Einzug hält, ist folglich nichts revolutionäres daran, ja man hat noch nicht einmal das Gefühl eines bedeutenden Wandels. Übrigens dient der Terminus vorerst lediglich zur Charakterisierung eines Stils unter anderen und ohne, daß sich eine besondere Vorliebe für ihn bemerkbar machte. Die folgende Passage könnte durchaus die erste sein, die (unter der Überschrift: „fade und gewöhnlich"[f]) auf eine Qualität der poetischen Fadheit aufmerksam macht:

Diese Form ist wie Xia Ji am Schanktisch der Herberge: das Mädchen erscheint verdorben, aber in Wahrheit ist sie keusch. Es werden hier die Stile von Wu und Chu übernommen. Sie mögen gewöhnlich sein, aber es fehlt ihnen nicht an Geradheit. In einem alten Gedicht heißt es:
Auf dem Gipfel des Huayin-Berges gibt es
einen hundert Fuß tiefen Brunnen;
Darunter entspringt eine Quelle, so kalt,
daß sie dich durchbohrt.
Wie lieblich ist das junge Mädchen,
das sich darin bespiegelt!
Nichts wird reflektiert, als bloß
ihr gebeugter Hals.[53]

Die Muster der Dichtung von Jiaoran, 8. Jahrhundert, Gelehrter und buddhistischer Mönch

In der chinesischen Tradition ist die poetische Kritik oft selbst Sache der Dichtung, sie gefällt sich in Andeutungen, mitunter kryptischen Ausdrücken. Statt einen Sinn zu errichten, regt sie eher das rezeptive Vermögen an. So ist das erste Bild, das hier vorgeschlagen wird, um die Fadheit zu beschwören, das einer negativen Erscheinung, die man nach einem trügerischen Anfang tunlichst überwindet: das junge Mädchen am Schanktisch (die Frau des Sima Xiangru?) läuft auf den ersten Blick Gefahr, einen schlechten Eindruck zu machen, aber in Wirklichkeit kann man auf ihre innere Geradheit, ihre verborgene Tugend vertrauen. Desgleichen können die Liebesgedichte (im Stile der *Lieder von Wu*) schlicht und durchaus „gewöhnlich" erscheinen, dennoch besitzen auch sie, im Grunde, den einnehmenden und flüchtigen Charme eines jungen Mädchens, das sich bespiegelt... Und genauso ergibt auch der auf dem Gipfel des Berges gegrabene Brunnen in dem kurzen zitierten Gedicht einen Sinn: wenn sich nämlich die in der Tiefe verschlossene Quelle nicht unmittelbar der Betrachtung darbietet, oder vom Spiegelbild des jungen Mädchens lediglich der „gebeugte Hals" auf der Wasseroberfläche erscheint. Zeichen von Zurückhaltung, von diskreter Gegenwart und zurückgehaltenem Reichtum.

Es ist natürlich die Entwicklung der chinesischen Dichtung selbst, die das Bewußtwerden der Vorzüge dieser Geschmacklosigkeit beschleunigt hat. Die bereits erwähnte Figur des

Dichters mit der saitenlosen Zither (Tao Yuan-ming) markiert den Beginn einer Tradition; und die großen Dichter der Tang-Zeit (wie Wang Wei, Wei Yingwu und Liu Zongyuan) verlängern sie. Die kritische Reflexion folgt nach. Dieses Gedicht vom Ende der Tang ist voll und ganz dem Lob der Fadheit gewidmet:

> *Von Grund auf zur Stille neigend,*
> *Vereinigt es sich mit dem Geheimnis der*
>   *Dinge.*
> *Es trinkt von der Höchsten Harmonie;*
> *Und fliegt allein mit der Wildgans davon.*
>
> *Wie der Frühlingshauch,*
> *Der durch die Kleider streift;*
> *Der Ton, den man durch den Bambus erfaßt,*
> *Die Schönheit, die man bei der Rückkehr*
>   *mitnimmt.*
>
> *Man trifft es, ohne tief zu gehen.*
> *Sucht man es? Es ist zu fein...*
> *Wenn es endlich Form annimmt,*
> *Schließt man kaum die Hand – da ist es fort!* [54]

Eine der Vierundzwanzig Arten der Dichtung des Sikong Tu, 9. Jahrhundert, Autor einer ersten Poetik der Fadheit.

Das Thema ist hier einheitlicher als im vorherigen Gedicht, und man kann seine Entwicklung über drei Phasen verfolgen. Der erste Vers beschwört das existenzielle und (in Entsprechung zu unseren eigenen Vorstellungen) „metaphysische" Fundament einer derartigen poetischen

101

Erfahrung. Schlichtheit, Stille und Gleichgültigkeit gewähren Zugang zum Intimbereich der Natur, ermöglichen die Teilnahme des Bewußtseins am feinsten Stadium der Wirklichkeit (Z. 1-2): die Harmonie wird „an ihrer Quelle" erfaßt, d.h. in einem der Aktualisierung der Phänomene vorhergehenden Stadium, als eine Schwächung im Verhältnis zu ihr, und diese Erhebung des Bewußtseins geht Hand in Hand mit einer gewissen Loslösung von der gemeinen, als allzu gewöhnlich empfundenen Welt (Z. 3-4). In einer zweiten Phase wird die Art und Weise beschworen, in der die Fadheit durchscheint: sie zeigt sich diskret, indirekt und niemals mit Nachdruck. Setzen wir die Entschlüsselung fort (Z. 5-8): der Frühlingshauch dringt nicht durch die Kleider, sondern durchtränkt sie zart, ohne, daß man sich dessen gewahr würde; der Ton schlägt nicht direkt ans Ohr, sondern wird durch einen Vorhang aus Bambus übermittelt: verschwommen, gedämpft und also auch enthüllt – so gut, daß man ihn nicht bloß hört, sondern innerlich „erfaßt". Die Schönheit, die der Fadheit eignet, kann folglich nicht angehalten, isoliert und besessen werden: sie wird vielmehr durch die ganze Lebendigkeit der Dinge hindurch „mitgenommen" („befördert"), und man kann sie nur in ihrer Gesamtheit empfinden, wenn man von den gesonderten Individualisierungen Abstand

102

nimmt oder diese beginnen, sich von ihrer vorübergehenden Existenz zu befreien – auf dem Weg der „Rückkehr" (Z. 8).

Man sieht hier, worin das Problem liegt: wie kann die Harmonie, die im Unsichtbaren verankert ist, konkret zum Ausdruck gelangen, in einer sinnlichen Weise, vermittelt durch Zeichen? Aus diesem Widerspruch entspringt der unfaßbare Charakter der Fadheit: sie erscheint erst am Ende des Sinnlichen, am Eingang zum Unsichtbaren; sie gibt sich für wahrnehmbare Manifestationen nur her, um auf deren harmonische Überschreitung, ihre schweigende Auflösung zurückzuverweisen. Daher die Betonung des Motivs der Rückkehr, mit seinen taoistischen Beiklängen, am Schluß des zweiten Abschnitts: die Fadheit sagt die Dinge – zeichnet die Welt – allein auf ihrem Rückweg ins Ungeteilte, wenn sie sich von allen charakteristischen Merkmalen befreien, sich ihre Unterschiede gegenseitig aufwiegen und zur Vermischung neigen. Als unwägbare Qualität (Qualität *des* Unwägbaren) ist die Fadheit notwendigerweise flüchtig, und dies wird abschließend in der dritten Strophe des Gedichts beschworen (Z. 9-12): sie entzieht sich jeder methodischen Suche, und man kann nicht „die Hand schließen", um sie aufzuhalten. Wir haben schon gesehen, daß die chinesische Kritik die Auffassung eines literarischen Stils nie von dem

Bewußtseinszustand trennt, der ihr entspricht: wenn das *Ausmaß* der Fadheit der Dinge jede Anstrengung hintertreibt und sie jeder Einflußnahme entzieht, so gibt sie sich im Gegenzug von selbst dem Geist hin, der sich verfügbar gemacht hat, indem er sich von jeder Anhänglichkeit und von allem Drängen befreit hat. So gewinnt hier der Gemeinplatz von einem unvorhersehbaren und zwecklosen Sich-Ereignen der poetischen Rede seine Schärfe zurück. Unnötig, das Irrationale anzurufen oder an die Mythologie der Eingebung zu appellieren: die ureigene Natur der Fadheit und ihre besonderen Ansprüche reichen aus, um diesen Bedingungen der Möglichkeit Rechnung zu tragen.

Ich habe mich bisher, sogar anläßlich der literarischen „Theorie", gehütet, von der Fadheit wie von einem Begriff zu sprechen. Denn, allgemein gesprochen, arbeitet die chinesische Kritik fast nie auf der Grundlage von Begriffen und siedelt sich nicht in der Perspektive analytischer Erkenntnis an. Dennoch behandelt sie die Literatur in wertenden Termini, damit man sie besser zu würdigen weiß, und betrachtet sie unter dem Blickwinkel der Polarität und über ein Geflecht von Verwandtschaften. Man wird darauf allein schon durch den Titel aufmerksam, der diesem Gedicht gegeben wurde: *Harmonisierung-Fadheit* (Loslösung)[g]. Er besteht nicht aus einem einzelnen und, als solchem, isolierbaren und selbstgenügsamen Wort, wie wenn es darum ginge, den Inhalt zu inventarisieren, sondern aus dem Gleichgewicht zweier Termini, die ein Binom bilden und einander zugleich anziehen und aufwiegen (dieses Prinzip ist selbst regelmäßig: die Titel der vierundzwanzig Gedichte, die dem Aufweis ebensovieler unterschiedlicher Arten der Dichtung gewidmet sind – und deren zweites das Gedicht ist, das sich auf die Fadheit bezieht –, sind alle nach dem gleichen Muster entworfen.) Zur selben Zeit wie jede dieser Arten der Dichtung durch die Spannung der beiden Termini, die sie beschwören, in ihrem eigenen Inneren ein bestimmtes Gleichgewicht zum Ausdruck bringt, repräsentiert sie auch ein bestimmtes Gleichgewicht im Verhältnis zu der Art der Dichtung, die ihr vorangeht, und der, die ihr folgt. Darin liegt ein bemerkenswerter theoretischer Anspruch – auch wenn er kaum unserer eigenen Weise der Theoriebildung entspricht –, der in eine ebenso wirksame wie zurückhaltende Aufstellung mündet: jede Art hebt die vorhergehende auf und verlängert sie zugleich. Und dank dieses gleitenden Übergangs von einer Art zur nächsten wird das „rechte Maß" – solcherart erneuert – auf Dauer bewahrt.

Betrachten wir die Wirkung dieses fortwährenden Wiederausgleichens (in Analogie zum regulierenden Prozeß des kosmischen Tao) etwas genauer. Denn sie vermag uns besser als jede begriffliche Analyse Auskunft darüber zu geben, was Harmonie ist. So steht die *Harmonisierende Fadheit*, die zweite Art der Dichtung in der Reihe, zwischen *Ursprünglicher Kraft* (1) und *Feinsinniger Üppigkeit* (3): denn, wie der Kommentator erläutert, wenn die „Kraft" überhand nimmt, verwandelt sie sich in Gewalt, und wenn die „Unzerschnittenheit" (die für den Ursprung charakteristisch ist) zu weit getrieben wird, schlägt sie um ins Gemisch der Unreinheiten – von wo aus sich der Übergang zur Fadheit vollzieht; für diese gilt allerdings gleichermaßen: wenn die „Harmonisierung" zu weit getrieben wird, mündet sie in vollkommene Gleichgültigkeit, und kraft der Fadheit könnte man sich gehen lassen – von wo aus sich der Übergang zur nächsten Art der Dichtung vollzieht, wo „Feinsinnigkeit" und „Üppigkeit" den Blick aufs Neue verführen und das Bewußtsein wecken. Eher als ein Begriff zu sein, symbolisiert die Fadheit eine gewisse Ausgeglichenheit, einen dazwischenliegenden Moment, ein stets bedrohtes Stadium des Übergangs.

Ein Übergang zwischen zwei Polen: dem einer allzu faßbaren, sterilisierenden und beschränkten Manifestation und dem einer übertriebenen Vergänglichkeit, wo sich alles verliert und in Vergessenheit bringt. Gefangen zwischen den Gefahren, auf zuviel zu verweisen und überhaupt nicht mehr als Zeichen zu existieren, ist das fade Zeichen *kaum* Zeichen: nicht vollständige Abwesenheit jedes Zeichens, sondern ein Zeichen, das dabei ist, sich von sich selbst zu entleeren und das zu verschwinden beginnt. Ein Anzeichen unsichtbarer Harmonie, verstreuter Spuren.

Aus demselben Grund ist die Fadheit, gerade in ihrer Eigenschaft als Prinzip des Ausgleichs der poetischen Werte, der sinnliche Ausdruck der Harmonie. In der Reihe repräsentiert sie nicht nur eine besondere Art der Dichtung (unter dreiundzwanzig anderen), sondern durchkreuzt und verbindet in Wahrheit alle anderen. So wird selbst im Hinblick auf eine Art der Dichtung wie die *Schillernde Schönheit* festgestellt:

> *Dunkles erschöpft sich und trocknet aus,*
> *Fades dagegen vertieft sich immer weiter.*[55]

Die Fadheit ist die reichste Art der Dichtung, weil sie zu einer schrittweisen Entdeckung aufruft, die nie an ihr Ende gelangt. Aus diesem Grund überwältigt sie jede Einflußnahme und kann weder zurückgehalten noch „eingeholt" werden (zur *Erhabenen Durchsichtigkeit* heißt es):

Der Geist, der aus der alten Unterscheidung
    strömt:
So fade, daß man ihn nicht einholen kann.[56]

Einmal mehr wirft uns die Qualität der Fadheit der Zeichen zurück auf das Vermögen, unser Bewußtsein loszulösen. Im Hinblick auf die
Klassische Eleganz lesen wir:

Die Blütenblätter fallen – ohne ein Wort.
Der Mensch ist fade-losgelöst:
    Chrysanthemen gleich.[57]

Die Fadheit darf also nicht aus einem be-
stimmten Blickwinkel (stilistisch, psychologisch,
moralisch etc.) betrachtet werden, sondern nur
in ihrer Gesamtheit; sie ist, wie in China gesagt
wird, gleichsam eine „Welt", in die wir eintreten
müssen. Ihre Jahreszeit ist der schon fortge-
schrittene Herbst, wenn die Chrysanthe-
menblüten unter der Berührung des Rauhreifs
abfallen: die letzten Farben des Jahres ver-
schwimmen, und dieses Verwischen vollzieht
sich von selbst, als einfacher Rückzug. Der ge-
sammelte Mensch versteht diese Logik der
Rückkehr und hütet sich, sie mit überflüssigen
Bedeutungen oder pathetischen Anfragen zu
befrachten. „Wenn man versteht, ohne daß es
eines Worts oder Satzes bedurfte, hält der Geschmack umso länger" an, bemerkt ein Kom-

mentator im Hinblick auf diese beiden Verse. Jedes Wort ist zuviel: es würde eine Überfrachtung darstellen, eine unnötige Gebärde. Der einzige Kommentar, der der Fadheit angemessen wäre, ist gehalten im Ton eines *no comment*.

11

Die Lehre der Fadheit

Die letzte Stufe dieser Entwicklung erreichen wir zu Beginn der Song-Dynastie (im 11. Jahrhundert). Jetzt ist die Fadheit unwiderruflich als das Ideal poetischer Schöpfung anerkannt:

> *Beim Dichten, einstmals genauso wie heute,*
> *Gibt es nur eine Schwierigkeit: Flaches und*
> *Fades hervorbringen.*[58]

Denn man weiß, daß die Flachheit „sich bis in die Tiefe erstreckt", daß die Fadheit die „Fülle" [h'] enthält.[59] Auf diese Art nunmehr dauerhaft verbunden, bilden die beiden Begriffe eine eigene Rubrik der „Gespräche über die Dichtung".[60] Im übrigen ist man sich nun auch bewußt, daß diese Bedeutung der Fadheit erst am Ende einer Entwicklung eintreten kann, daß sie die Frucht eines Reifungsprozesses ist. Was auch für die Menschen selbst gilt: so war der große Dichter der Tang-Zeit (Du Fu) in seiner

Wu Ke,
Literaturkritiker,
Anfang 12. Jahrhundert

Jugend „glänzend und erblühend", um hernach, im Alter, „flach und fade" zu werden.[61] Nach der ungestümen Lebhaftigkeit, Ausdruck jenes Überflusses unverbrauchter Kräfte, die darauf brennen hervorzutreten, kommt die Zeit, wo diese Kräfte abgeklärter werden und sich nach innen richten: daß die Fadheit *danach* kommt, indem sie das vorangegangene Übermaß überschreitet, versichert sie ihrer Fülle; macht sie zum Gegenteil der „Leichtfertigkeit" und „Unbeständigkeit", mit der sie sich andernfalls gemein zu machen drohte.[62] Das gilt auch in Hinsicht auf die allgemeine Entwicklung der Literatur: „Jede Literatur ist anfangs glänzend und blühend, um darauf flach und fade zu werden." Das ist ihr „Herbst" und ihr „Winter".[63] Die Zeit der Fadheit ist von der Natur gezeichnet, und die Abfolge der Jahreszeiten, deren Logik das chinesische Denken so stark beeinflußt hat, rechtfertigt jenes letzte Stadium der Auflösung vormaliger Überfülle und des Rückzugs in sich selbst.

So verbreitet die Anerkennung der poetischen Fadheit auch geworden ist, ihre Lehre wird darum nicht weniger zweideutig. Denn sie bedient sich nunmehr zweier Register – und dies zuweilen beim selben Autor, ja sogar im selben Satz –, die, wenn sie auch durch einige allgemeine Vorstellungen begünstigt werden, durchaus verschieden ausgerichtet sind.

111

Die eine Richtung speist sich aus dem Konfuzianismus und erhebt sogar den zu Beginn der Song-Zeit des öfteren anzutreffenden Anspruch, mit allem Nachdruck jener Auflösung der chinesischen Überlieferung entgegenzuwirken, zu der angeblich die „heterodoxen" Bestrebungen des Taoismus und Buddhismus verleitet hätten. Ein Dichter über einen anderen:

Mei Yaochen und Ouyang Xiu, zwei befreundete Dichter in der Epoche der konfuzianischen Reaktion, 11. Jahrhundert

> *Der Ausdruck ist geschliffen, der Sinn von*
> *   Geradheit geprägt, die Einfachheit nicht*
> *   gemein,*
> *Der Geschmack der Alten ist fade, ohne arm*
> *   zu sein.*[64]

Fraglos erscheint uns diese Auslegung der Fadheit alles andere als verlockend, denn es ist uns heutzutage zur Gewohnheit geworden, Moral und Ästhetik voneinander zu trennen. Nichtsdestoweniger wünschte ich, in die Logik einer solchen Auffassung eindringen zu können. Und sei es nur, weil sie uns die Gelegenheit bietet, unsere Sicht der Dinge (diese Hinterlassenschaft der Romantik, die wir, weil es uns von unserer Modernität so eingeschärft wurde, für selbstverständlich halten) zu überdenken, indem sie uns danach fragen läßt, ob die „wahrsten" Gefühle, die in uns am tiefsten verwurzelt sind, notwendigerweise auch die „besten" seien (wie *Menzius* mutmaßt): in chinesischen Augen sind es eben diese „guten Gefühle" – und hier bediene ich mich, indem ich sie umkehre, einer Formulierung von Gide –, die die „gute Literatur" ausmachen. Denn die „Geradheit" *(zheng^i)*, von der hier die Rede ist, bedeutet nicht nur die Mißbilligung ideologischer Abwege und das Festhalten an den Tugenden der Beständigkeit und des Strebens, durch die es dem Menschen einzig vergönnt ist, sich zu erheben; darüber hinaus eignet ihr eine affektive Dimension und öffnet uns, weit davon entfernt, unserer Sinnlichkeit (wie im Falle einer von Außen auferlegten Strenge) zuzusetzen, für die Tiefe der Welt, bringt uns dazu, uns vom Wesentlichen ergreifen zu lassen. Deshalb gelingt es ihr, die Dichtung zu inspirieren.

Hier nun bedarf es aber einer allgemeineren (anthropologischen) Rechtfertigung – die ich im folgenden umreißen werde. Wie ist die „moralische" Dimension des Gefühls überhaupt zu verstehen, wie die Macht, die sie über uns hat (ihr Kunstwert)? Den Chinesen gilt das Gefühl als eine „Reaktion" auf eine Reizung von Außen *(gan)*, die uns innerlich erschüttert *(dong^i)*. Sie dringt umso tiefer in uns, als dasjenige – uns äußerliche –, auf das wir reagieren, wichtig ist, umso höher der Einsatz ist. Und je tiefer sie reicht, umso weniger ist sie individuell, auf unser persönliches (egozentrisches) Interesse beschränkt: im Gegenteil, umso mehr läßt sie uns den Reichtum des Bandes erfahren, das uns mit der Welt verbindet, uns spüren, wie sehr wir Teil haben an den großen Abläufen der Dinge. Dann öffnet sie unsere Subjektivität für den Gemeinsinn allen Daseins, für die gegenseitige Abhängigkeit der Realitäten, hilft ihr, ihre besondere – ausschließliche und begrenzte – Sichtweise zu verlassen. Aufgrund dieser Intensität ist sie in der Lage, uns durch das Reale hindurch miteinander „kommunizieren" zu lassen, uns auf einen gemeinschaftlichen Standpunkt zu erheben (im Sinne des konfuzianischen *ren*[k]). Je tiefer sie geht, desto moralischer ist sie also. Umso mehr kann sie auch die anderen bis ins Mark erschüttern, ohne auf einen Gegenstand, ein Interesse begrenzt zu sein. Auf diese Weise beengt die moralische Berufung des Gefühls nicht den Sinn, schränkt (anders als unsere moralisierende und belehrende Dichtung) seine Möglichkeiten nicht ein; umso tiefer sie ihn verwurzelt (und das heißt, ihm durch unsere Empfindung einen besseren Zugang zum „Fundament" der Dinge und des Lebens eröffnet), um so mehr entfaltet sie ihn – bis ins Unendliche. Und es ist diese *Tragweite* des Sinns, die seine Schönheit ausmacht.

Was den Bezug auf das „Altertum" angeht, ist er als eine Forderung nach klassischer

Schlichtheit zu verstehen, die jeder Gefälligkeit im rhetorischen Schmuck eine Absage erteilt und eine ernstere und strengere Auffassung von Literatur zum Ausdruck bringt: die nicht einzig um des Kunstgenusses willen gepflegt wird, sondern mit der Aufgabe betraut ist, zu erheben und so zur Ordnung der Welt beizutragen. In diesem Zusammenhang wird es verbindlich, auf die ungewürzte Suppe des alten Rituals anzuspielen:

> *Die Fadheit der Alten hatte einen authentischen Geschmack:*
> *Weshalb auch hätte die große Suppe gewürzt werden sollen?*[65]

Diese „Authentizität" *(zhen')*, mit ihrem moralischen Beiklang ist, Ausdruck unserer ureigensten Natur. Denn, indem wir uns davor hüten, oberflächlichen Zumutungen zu entsprechen, entgehen wir nicht nur der Einseitigkeit und enthalten uns eines unmittelbaren und begrenzten Einsatzes (was nichts anderes heißt, als daß wir den Wert der „Mitte" wahren), sondern erhalten uns gleichzeitig auch die Unmittelbarkeit und Frische unseres Vermögens, auf die Totalität des Realen – in seiner Maßlosigkeit – zu reagieren: dank dessen wir unsere Eingebundenheit in die Welt „bewahrheitet" finden und unseren Bezug zum gesamten Universum erhalten. Darüber hinaus ist die Fadheit, subjektiv betrachtet, insofern heilsam, als sie die Erwartungen unechter Begierden enttäuscht, uns abverlangt, billiger Befriedigung zu entsagen und uns nötigt, unsere Anteilnahme weiter zu tragen. Sie verleitet uns dazu, über uns hinauszugehen. Daher auch wird sie zur Quelle unseres Fleisses, denn sie veranlaßt uns, uns fortwährend zu „plagen".

> *Neuerdings ist seine Dichtung noch deutlicher*
> *von altehrwürdiger Härte geprägt,*
> *Nur mühevoll und beschwerlich ist sie*
> *zu kauen;*
> *Anfangs ist es so, als ob man Oliven äße:*
> *Erst allmählich kommt der wahre Geschmack*
> *zur Geltung!* [66]

Härte, Herbheit: das Motiv der anfänglichen (und wohltuenden) Täuschung, einer willentlichen Enttäuschung der ersten Annäherung (die uns zwingt, in unserer Suche fortzufahren) wird bis zum Paradox einer Fadheit getrieben, die „beißend" zu werden beginnt. Der Dichter, von dem hier die Rede ist, sagt von sich selbst:

> *Ich komponiere meine Verse im Einklang mit*
> *meiner Natur,*
> *Versuche, allmählich Flaches und Fades zu*
> *erreichen.*

Mühevoll ist mein Ausdruck: weder rund noch
    geschmeidig,
Und im Mund von beißenderem Geschmack
    als Wasserkastanien oder Lotossamen![67]

Derart wird der Genuß der Fadheit der Dichtung zur Askese: dank der Anstrengung, die das „Kauen" erfordert, der Notwendigkeit, lange Zeit „einspeicheln" zu müssen, entschlägt man sich jeden angenehmen Geschmacks, jeder künstlichen Schönheit zugunsten wesentlicherer Werte. In der Tat gibt es zu Beginn der Song-Dynastie (im 11. Jahrhundert) sehr wohl die Absicht, dem Übermaß formaler Verfeinerung entgegenzuwirken, jener Lust an ausgesuchten und außergewöhnlichen Effekten, die die gesamte Literatur seit dem Ende der Tang bis in jene Zeit in Versuchung geführt hatte; und deshalb möchte die Dichtung „herb" und „rauh" – „weder rund noch geschmeidig" – sein; um ihren falschen Vorlieben zu entgehen, versucht sie, sich immer mehr der Prosa anzunähern. Doch mir scheint, daß es hier um mehr geht als um die bloße Reaktion eines Stils auf einen anderen: durch die Geschmacklosigkeit und Flachheit einer eher abweisenden als anziehenden Dichtung, die uns „beißt", weil sie unserem ästhetisierenden Geschmack Gewalt antut, entdecken wir nach und nach jenen neutralen Geschmack, der uns, wie wir wissen, die grundlegenden Tugenden des „Gleichgewichts" und der „Mittigkeit" offenbart, die den steten und regelmäßigen Wechsel der Natur, den stillen Ablauf des Realen bestimmen. Die Fadheit ist mehr als der Weg zu einer inneren Vervollkommmung, sie ist zugleich das „Muster der Dinge":

> *Im Grunde kündet die Dichtung von der*
> *gefühlten Natur,*
> *Nutzlos, so laut zu schreien!*
> *Sobald du begreifst, daß Flachheit und*
> *Fadheit das Muster der Dinge sind,*
> *Stehst du von abends bis morgens in vollstem*
> *Licht.*[68]

Der Ausdruck „Vollstes Licht"(höchste Helle, äußerste Klarheit) spielt mit dem Namen Tao Yuanmings, des Dichters der Schlichtheit, auf den man sich in anderem Zusammenhang gerne beruft. Zweideutiger Hinweis: die Tragweite der poetischen Fadheit kann, wenn man von ihr ausgeht, in einer durchaus abweichenden Richtung gedeutet werden. Nämlich Abstand zu nehmen von gesellschaftlicher Betätigung und den Sorgen der Welt, wenn sich das Bewußtsein von allen Zwängen befreit und seine Ungezwungenheit wiedererlangt. Nunmehr sind es eher taoistische oder buddhistische Bedeutungsnuancen, die der Fadheit zum Ausdruck verhelfen. Durch eben jenen Dichter, von dessen Dichtung vorher gesagt wurde, sie sei „fade und ungetrübt, losgelöst und fern"[m]; oder auch, daß diese „flache und fade" Dichtung nicht nur „klar und schön" sei, sondern auch „losgelöst (ihrem Trieb) freien Lauf läßt"[n].[69] Dieser Dichter nun sagt seinerseits über einen Freund:

Die Dichtung, die er verfaßt, wenn sein Herz sich mit dem Lauf der Dinge verbindet und ihre eigenen Empfindungen genießt, ist gleichermaßen flach und fade, tief und schön: liest man sie, so vergißt man alle Unrast der Welt. Sein Ausdruck erreicht den höchsten Grad der Klarheit und Richtigkeit und sieht seine Hauptaufgabe nicht in kritischen Anspielungen. Nunmehr wird man gewahr, daß er einen weiten Geschmack hat, der sich bis in die Ferne erstreckt; und daß er sein harmonisches Verhältnis zur Welt durch seine Dichtung zum Ausdruck bringt.[70]

Diesen Weg, die poetische Fadheit zu deuten, wird man in China besonders häufig einschlagen. Freilich treffen sich beide Blickwinkel: in ihrem Festhalten am Einfachen und in dem grundlegenden Wert, den beide – diesbezüglich herrscht übrigens Einverständnis im chinesischen Denken – der Harmonie beimessen. Je weiter die chinesische Überlieferung sich entwickelt, desto mehr gelingt es dem Synkretismus (immer Harmonie!), trotz eines gewissen Willens zur Orthodoxie, sich – sogar unbewußt – durchzusetzen. Schließlich bleibt noch darauf hinzuweisen, daß die *Überschreitung*, die die fade Dichtung beschwört, auf zweierlei Weisen verstanden werden kann: entweder deutet man sie im Sinn eines Fortschritts, der die Dauer einschließt und darauf zielt, keine schnelle Befriedigung zu gewähren; oder man bringt sie mit der Leere der Phänomene in Verbindung und bezeichnet mit ihr die Befreiung des Bewußtseins und dessen vollkommene Verfügbarkeit. Man könnte sagen, um sich eindeutiger Zuordnungen zu bedienen und auf die – kaum zu übersehende – Gefahr hin, den Unterschied zu schematisch darzustellen: sie hat entweder eine eher „moralische" oder eine eher „mystische" Dimension. Die Fadheit als ein Wert der *Anstrengung* oder der *Extase*... Doch die Anschauung der Fadheit widersetzt sich weitgehend solchen Abstraktionen, und eben deshalb drückt sie sich durch Dichtung, in Bildern aus: im Unterschied zur *Olive*, die es eindringlich zu kauen gilt, um ihr mühsam den Geschmack zu entziehen, läßt sich die zweite Lesart der Fadheit durch einen völlig klaren Geschmack versinnbildlichen: den Geschmack des *Wassers*.

12

Geschmack jenseits des Geschmacks, Landschaft jenseits der Landschaft

Tatsächlich beschränkt sich in China das Motiv des literarischen Geschmacks keinesfalls auf eine rein metaphorische Ebene – und diesem Umstand gilt unbestritten unser Hauptaugenmerk –, es weigert sich, mit derjenigen Bedeutung zu brechen, die allen anderen vorausgeht: der unmittelbar sinnlichen des Schmeckens. Zwischen der Lektüre und der Nahrungsaufnahme besteht in China mehr als nur eine gewisse Ähnlichkeit: der Leser eines Gedichts entziffert weniger einen Sinn (entsprechend unserer intellektualistischen Auffassung), als daß er sich etwas Körperliches einverleibt, das ihm zunächst (wie die Worte eines Textes) äußerlich ist und seine Wirkung in ihm durch eine langsame und richtungslos fortschreitende Durchdringung entfaltet (vgl. den traditionellen Ausdruck *tiwei*°). Deshalb erscheint uns auch die chinesische

Auslegung von Texten häufig so abwegig, wenn sie sich enthält, den Text zu analysieren, ihn als Gestalt oder Muster zu behandeln, und einzig die Auswirkungen seiner Einverleibung für würdig erachtet, betrachtet zu werden: der einhellige Rat an den Leser lautet, das Gedicht wieder und wieder „herzuleiern" – es im Mund zu behalten und „auszukosten", es still „zu kauen".[71] Und eben deshalb zielt das Motiv des literarischen Geschmacks ebensowenig darauf ab, (wie im Fall der Unterscheidungen des *rasa* im Sanskrit) eine Typenlehre zu entwerfen. Seine Bedeutung für unsere Annäherungsweise ist eher von phänomenologischem Rang: wie kann man auf die unmittelbarste, folglich also auch allgemeinste Weise erklären, wie das Bewußtsein die Entfaltung des Sinns erlebt und welche Bedingungen diesem Vorgang am zuträglichsten sind?

Die Übereinstimmung zwischen der Erfahrung des Lesens und der sich zu ernähren reicht freilich noch weiter: denn sogar die Logik, die den Genuß organisiert, ist dieselbe; sie beruht auf dem Grundsatz der Zurückhaltung und widersetzt sich dem Hang zur Erfüllung, zum Konsum. Noch gelegentlich jenes Briefes, der den Ausgangspunkt einer theoretischen Deutung der Fadheit im Sinn einer Poetik des Unsichtbaren und der Loslösung bezeichnet, wird man ihrer gewahr:

Im Süden von Jiangling [das heißt jenseits der chinesischen Welt im engeren Verstand] *begnügt man sich im allgemeinen damit, sich der angenehmen Eigenschaften der Nahrungsmittel zu versichern, weiter nichts: beim Essig, der zweifellos sauer schmeckt, begnügt man sich mit seiner Säure; beim Lachs, der ohne jeden Zweifel salzig schmeckt, begnügt man sich mit eben diesem salzigen Geschmack. Die echten Chinesen essen dagegen erst, wenn ihr Hunger gestillt ist: sie wissen nur zu genau, daß hier eine andere Art der Fülle fehlt, die jenseits des Sauren und Salzigen liegt. (Man glaubt es kaum, aber die Leute aus Jiangling sind daran gewöhnt und beachten solche feinen Unterschiede nicht.)* [72]

„Brief über die Dichtung", von Sikong Tu, 9. Jahrhundert, Ausgangspunkt einer kritischen Tradition

Der Nachteil von hervorstechenden Geschmäcken, wie von Essig oder Lachs, besteht darin, daß sie sich auf einen durchdringenden, sauren oder salzigen Geschmack beschränken, statt sich jenseits ihrer selbst zu entfalten: anders als es bei den Leuten aus dem Süden üblich ist, die stets der unmittelbaren Intensität des Geschmacks verfangen bleiben – und sich von ihr einschränken lassen – besteht die Kunst des Schmeckens darin, sich bei Zeiten zurückzunehmen, um sich für andere Werte zu öffnen. So erhält der traditionelle Ausdruck „in Geschmackssachen zu unterscheiden wissen" in diesem Zusammenhang einen durchaus neuen Sinn: es geht weniger darum, zwischen den verschiedenen Geschmäcken zu unterscheiden, als vielmehr *im Innern ein und desselben Geschmacks* zwischen den rohen, festen oder undurchsichtigen Eigenschaften des Geschmacks als solchem und, andererseits, dem *Jenseits dieses Geschmacks*, wenn er sich, geläutert vom Schock des rein Sinnlichen, der nie etwas anderes sein wird als „das", verlängert und sich ausdehnen beginnt. An sich ist die Berührung mit dem Geschmackssinn nichts anderes als der Nullpunkt wahrhafter Erfahrung, die sich deshalb so deutlich einprägt, weil sie sich entlang einer gewissen Abwesenheit entfaltet (man unterbricht das Essen). Was der Dichtung zum Muster wird:

Wenn sie nah ist, ohne oberflächlich zu sein und sich, der Grenzen nicht achtend, weithin entfaltet: dann darf man von einer Vorzüglichkeit jenseits des Widerhalls sprechen.[73]

Glaubt man dem Autor dieses Briefes vom Ende der Tang-Zeit (dessen der „Harmonisierenden Fadheit" gewidmetes Gedicht wir bereits kennen), dann bedienen sich die hervorragendsten Vertreter dieser Art der Dichtung (Wang Wei und Wei Yingwu) eines „klaren und faden, feinen und lauteren"[p'] Ausdrucks; gleichwohl ha-

124

ben sie einen eigenen Stil, dem es keineswegs an Kraft mangelt. Ihr Geschmack, heißt es an anderer Stelle abermals, „ist klar und breitet sich weithin aus, wie der zwischen den Gipfeln wehende Wind" (oder gemäß einer anderen Lesart: „wie klares Wasser, das sich überallhin ausbreitet").[74] Andererseits ist die poetische Form, die dieser Ausbreitung des Sinns am besten entspricht, einleuchtenderweise diejenige, die am ehesten zu sprechen aufhört – also die kürzeste Form, der Vierzeiler:

Die Komposition eines Vierzeilers setzt die höchsten Fähigkeiten voraus: denn alle Variationen und Verwandlungen, die sich aus ihm entwickeln, vollziehen sich im Sinne eines spirituellen Vorgangs, der sich so unaufgefordert einstellt, wie er sich uns auch schon wieder entzieht.[75]

Wie sich der wahre Geschmack nur jenseits des sinnlichen und rohen Kontakts mit den Nahrungsmitteln entfaltet, so stellt sich auch der poetische Genuß erst dann ein, wenn man das sprachliche Material des Gedichts überschreitet – in ein, wie es in China heißt, „Jenseits der Worte". Und, wie zu erwarten, ist die Entfaltung des Sinns umso reicher, je weiter man das Wortmaterial verknappt (die vierundzwanzig Silben des Vierzeilers); und die Fadheit ist diejenige

Eigenschaft des Gedichts, die sich zu diesen unendlichen am ehesten *Verwandlungen* schickt.

Deshalb haben die chinesischen Kritiker den
folgenden Vierzeiler (dessen Text ich Wort für
Wort wiedergebe und es dem Leser überlasse,
sich alsdann seine eigene Übersetzung zu machen) in Begriffen der poetischen Fadheit kommentiert:

*Vierzeiler von
Wang Wei,
8. Jahrhundert,
„Hirschgehege".*

*Berg – leer / kein – wahrnehmen – einziger
Nur – hören / Menschliches – Stimme –
        widerhallen
Rückkehr – Strahl / eindringen – Tiefe – Wald
Von neuem – leuchten / grün – Moos –
        darauf.*

Einem Kommentator dieses Gedichts zufolge „schätzt die Dichtung die Tragweite des
Sinns, und die Tragweite des Sinns ihrerseits
schätzt, was fern, nicht, was nah ist, schätzt,
was fade, nicht, was gesättigt (betont) ist: was
gesättigt und nah vor einem steht, erkennt man
leicht, während man sich dessen, was fade und
fern ist, nur mit Mühe bewußt wird".[76] Die traditionelle chinesische Kritik begnügt sich damit,
auf die Fadheit hinzuweisen, die der Lektüre den
Weg bahnt, und weigert sich, durch ihren Kommentar länger zur Last zu fallen (nur einige weitere Beispiele führt sie noch an). Dasselbe Urteil finden wir bei einem neueren Autor: „Obgleich

der Ausdruck fade ist, besitzt er ein Höchstmaß an Sinn."[77]

Lesen wir also dieses Gedicht noch einmal. Der Vierzeiler entfaltet sich ganz und gar in einer Stimmung des An- und Abwesendseins, des Offenbarwerdens und des Entzugs. So wird das Motiv der Einsamkeit, das in der ersten Zeile angesprochen wird, in der zweiten durch den Widerhall vernehmbarer Stimmen ersetzt. Statt sich der rhetorischen Entfaltung, der Ausbeutung des Themas zu überlassen, hütet sich das Motiv, weitschweifig oder allzu eindringlich zu werden: man ist einsam und doch nicht von den anderen abgeschnitten, und obgleich der Berg leer ist, bleibt der Widerhall der menschlichen Welt vernehmbar. Ein Thema wird angedeutet, doch nur verhalten; es wird Abstand genommen, aber dieser bleibt relativ: die Einsamkeit ist weder übertrieben emphatisch (was ihren Ausdruck betrifft), noch ist sie (ihrer Absicht nach) asketisch. Denn indem man im Innern der Einsamkeit (wie am Rande des Themas) verharrt, wird man für ihre virtuelle Dimension am empfänglichsten und empfindet die ganze Tiefe ihrer Anziehungskraft. Der „Berg" – die „Menschen": das Bewußtsein bleibt für beide Möglichkeiten offen, es genießt das eine durch das andere. Es verliert sich weder in den Sorgen der Welt, noch löst es sich auf in ein reines Nichts.

Diese ersten beiden Zeilen lassen einen Vers von Tao Yuanming, dem ersten großen Dichter der Fadheit, anklingen:

Ich habe meine Hütte inmitten der Menschen-
welt errichtet,
Doch ist hier weder Lärm von Pferden noch
von Wagen,

gleichzeitig kehren sie die Bezüge jedoch fein-sinnigem: der Vers des ersten Dichters handelt von der, wie der chinesische Ausdruck lautet, „Einsamkeit inmitten des Lärms"; der Vers des-jenigen, der sich davon hat anregen lassen, „vom Lärm inmitten der Einsamkeit".

Diese Kunst des Ausgleichs (der die Fadheit entspringt) ist noch im Aufbau des Gedichts er-kennbar: zwischen dem Motiv der Über-lagerungen von menschlicher und natürlicher Welt (Z. 1-2) und demjenigen der Wechselwir-kungen innerhalb der Welt der Natur (Z. 3-4). Sie zeigt sich auch in einer thematischen Um-kehrung: der Lichtstrahl erhellt die Dunkelheit (in der dritten Zeile), und dieser Halbschatten wirft das Licht zurück (in der vierten Zeile); oder auch darin, wie die Bewegung des „Ein-dringens" (in die Tiefen des Waldes) durch die des „Zurückwerfens", des Reflexes an der Oberfläche, ausgeglichen wird: „Moos – dar-auf".

Man könnte dieses Spiel gegenstrebiger Spannungen, die einander ausgleichen, und Polaritäten, die dazu bestimmt sind, sich gegenseitig aufzuheben, noch weiter treiben. Das „Nur" zu Beginn der zweiten Zeile mildert die Bedeutung der ersten, das Gehör wiegt die visuelle Wahrnehmung auf und die positive Formulierung die Verneinung, die ihr vorausgeht; „Rückkehr" und „Von neuem", beide gleichermaßen an den Zeilenanfang gestellt (die Strahlen der untergehenden Sonne und der Lichtreflex), bilden gemeinsam eine gebräuchliche Wortverbindung, um das Hin und Zurück, das ununterbrochene Kommen und Gehen der Dinge zu bezeichnen...

Hier zielt die fade Dichtung also darauf ab, daß sich der Sinn nicht (weder in der einen noch in der anderen Richtung) bestätigt und die Phänomene und Situationen erscheinen läßt, ohne daß sie sich uns aufdrängen würden. Nichts, was die Aufmerksamkeit auf sich zöge oder versuchte, alles durch seine Anwesenheit in Bann zu schlagen; alles, was Form anzunehmen beginnt, zieht sich wieder zurück, um sich neuerlich zu verwandeln. Einem schönen, buddhistisch inspirierten chinesischen Ausdruck zufolge ist das Bewußtsein hier weder dabei „sich zu nähern" noch „sich zu entfernen" [q]: es bleibt weder dem Realismus der Phänomene verhaftet, um in ihnen zu versinken; noch bricht es endgültig mit ihnen (um sich in einer gleichermaßen trügerischen wie erzwungenen Vision der noumenalen Leere zu verschließen) – auf die Gefahr hin, sich derart ihrer Erneuerung und Frische zu berauben. Daß der Abstand, den man zu ihnen einnimmt, dennoch andeutend und die Ungeteiltheit positiv bleibt, weist den längstmöglichen inneren Weg.

Dieses endlose Ausströmen des Sinns, diese Emanation eines nicht aufdringlichen, sondern gleichmäßig zerstreuten Geschmacks, dem wir uns darum umso deutlicher bewußt werden, kann uns ein schönes Bild verdeutlichen: „Die Sprache der Dichtung ist dem vergleichbar, was sich ereignet, wenn – auf den Blauen Feldern unter wärmender Sonne – die vergrabene Jade zu schwitzen beginnt: wie man sie auch betrachtet, genau ins Auge fassen kann man sie nicht." Und genauso ist die „Darstellung jenseits der Darstellung", die „Landschaft jenseits der Landschaft" r'.[78]

In China genügen diese Bilder und Ausdrükke, um sich in einen Zusammenhang zu stellen, eine Tradition anzudeuten. In sich verschlossen, von Stille umgeben, haben sie den Reiz endgültiger Aussagen. Man muß sich also die Mühe machen, diese formelhafte Vollkommenheit in Verwirrung zu bringen und aus ihr selbst die Frage hervortreten zu lassen: wie kann man dieses „Jenseits" (des Geschmacks, der Landschaft) denken? Denn man wünschte, diese Fähigkeit, sich „in die Ferne" auszudehnen und auszuschweifen, die von der Fadheit begünstigt wird, von einem poetischen Standpunkt aus genauer gedeutet zu sehen. Ein weiterer berühmter Brief, der sich, obgleich zwei Jahrhunderte später geschrieben, selbst in die Nachfolge des vorangegangenen stellt, nimmt die Reflexion in Anspruch, indem er sie auf jene andere – und da sie unmittelbar wahrnehmbar ist, angenehmere – Ebene des graphischen Schriftzugs überträgt: hier ist es die Pinselschrift, die der anderen, dem Schreiben, der „Schrift", als Metapher dient. Darüber hinaus wird versucht, die Beweiskraft dieses Vergleichs zu nutzen: eingangs stellt der Autor zwei Epochen der chinesischen Kalligraphie einander gegenüber, die Meister des 4. Jahrhunderts und die der Tang-Zeit:

Su Dongpo, 11. Jahrhundert, Dichter, Maler und Kalligraph, dessen kritische Urteile die chinesische Tradition nachhaltig beeinflußt haben

Was die Kalligraphie betrifft, möchte ich die Spuren der Schrift, die Zhong You und Wang Xizhi hinterlassen haben, als verstreut – schlicht – fern bezeichnen; ihr wunderbares Gelingen liegt jenseits von Schriftzug und Pinsel. Yan Zhenqing und Liu Gongquan begannen unter der Tang-Dynastie, sich einen Überblick über alle Techniken, den Pinsel zu handhaben, seien sie alt oder neu, zu verschaffen, und sie haben sie bis zur völligen Entfaltung gebracht, indem sie jede nur denkbare Möglichkeit der Kalligraphie gründlich ausschöpften. Einhellig werden sie als Meister anerkannt. Doch die Kunst von Zhong und Wang war noch feiner.[79]

Es ist in China allgemein üblich geworden, die unterschiedlichen Künste gleich zu behandeln und die Ansprüche einer Kunst durch eine andere vor Augen zu stellen. Ebenso wie die großen Meister der Kalligraphie in der Tang-Zeit, die aus der Tradition, die ihnen vorausging, ihren Vorteil zu ziehen wußten und die Kunstfertigkeit bis zum Äußersten trieben, sind auch die großen Dichter der Tang-Dynastie (Li Bo und Du Fu) zweifelsohne die „größten" Dichter, diejenigen, deren Meisterschaft vollkommen ist:

Durch die Großartigkeit ihres Talents überragen sie alle Generationen und übertreffen sämtliche Dichter, der Vergangenheit wie der Gegenwart. Gleichzeitig ging jedoch jener Anflug einer Erhebung über die Welt des Staubes hinaus, der die Tradition der Wei und Jin [vom 3.-5. Jahrhundert] auszeichnet, leichtfertig verloren.

Man könnte über diesen Gegenstand lange Betrachtungen anstellen: die vollkommenste Kunst ist nicht unbedingt auch die wirkungsvollste; denn eben diese Vollkommenheit ist der

Grund ihrer Schwäche. Zwar ist die Kalligraphie mit den großen Meistern der Tang-Zeit an ihr Ziel gelangt, dennoch muß sie in gewisser Hinsicht vor der früheren zurücktreten: denn diese war von Grund auf „einfach", und die Zeichen scheinen über das Blatt „verstreut" und nur dünn gesät zu sein, als ob man sie einfach dort liegengelassen hätte, vom Pinsel preisgegeben – statt die Frucht konzentrierter Aufmerksamkeit zu sein oder einer konzertierten Kunst. Weit davon entfernt, uns ihre Dynamik aufzudrängen, Festigkeit und Lebendigkeit zur Schau zu stellen, scheinen sie etwas an Dichte verloren zu haben, schon nicht mehr ganz da zu sein, wie im Aufbruch begriffen. Als ob sie sich vor nichts mehr in Acht genommen hätten, als sich mit der Welt einzulassen, mit der Wirklichkeit zu verkehren, sich zu sehr festzusetzen (solche Formulierungen dienten zunächst dazu, bei Personen den „Ausdruck" absoluter Gleichgültigkeit zu bezeichnen). Flüchtige Überreste einer Inspiration, die von woandersher kommt, sie aus der Ferne beseelt, und die die Sehnsucht nach ihr aufrechterhalten: der Schriftzug wird nur als eine „Spur" wahrgenommen, von der ein Gefühl der Entsagung ausgeht, das die Kalligraphie mit dem Nimbus der Leere und der Einsamkeit [s'] umgibt.

Das gleiche gilt für das poetische Schreiben. Bis zur Tang-Zeit bringt die Dichtung ein Gefühl

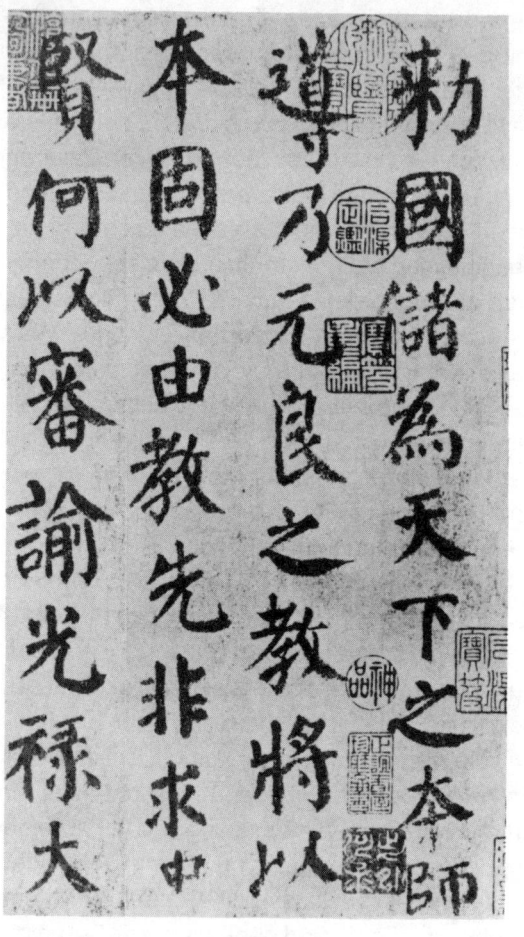

Abb. 4, *Beispiel einer „vollständig gelungenen" Kalligraphie*
Anfang des „Selbstgeschriebenen Diploms" von Yan Zhenqing,
8. Jahrhundert

der Loslösung – in Bezug sowohl auf die Zeichen als auch auf den beschworenen Seelenzustand – zum Ausdruck, das uns über die Welt des Staubes"' (wie der buddhistische Ausdruck lautet) „hinaushebt: über die Welt der wahrnehmbaren Zeichen und unserer Abhängigkeit von ihnen. Diese Eigenschaft der Schreibens geht, wie nicht anders zu erwarten, auf das Gefühl der Fadheit zurück:

Auch wenn es den Dichtern, die Li Bo und Du Fu gefolgt sind, manchmal gelingt, sich dieses fernen Widerhalls zu bemächtigen, bleibt ihre Begabung hinter ihrem Ehrgeiz zurück. Nur Wei Yingwu und Liu Zongyuan wußten, inmitten der Einfachheit der Alten ausgesuchte Üppigkeit zu entfalten und in der Fadheit die äußerste Form des Geschmacks zu sehen.

Nur ein Beispiel: Die beiden letzten Zeilen des folgenden Gedichts[80] hat man immer wieder als „das Gefühl, der Welt des Staubes überhoben zu sein", gedeutet:

Als heute früh im Amt solche Kälte
    herrschte;
Fiel gleich der Einsiedler im Berg mir ein:
Der sich das Brennholz in dem Bachbett
    bündelt,
Und dann zu Hause kocht den weißen Stein.

Wei Yingwu, 8. Jahrhundert: „An den Einsiedler in den Bergen von Quanjiao gesandt"

Abb. 5, *Beispiel einer „ferneren" und flüchtigeren Kalligraphie,*
die die Fadheit beschwört
„Brief an eine Tante" von Wang Xizhi, 4. Jahrhundert
(hier der Name des Kalligraphen)

Gern hätt ich Euch die Kalebasse Wein
*   geschickt*
Als Labsaal in solch stürmscher Nacht.
Doch Laub bedeckt weithin die leeren Berge:
Was hätte mich auf Eure Spur gebracht?

Hier – dort; die Kreisstadt – die Natur: die Kälte, die man eines Morgens in einem Zimmer in der Stadt verspürt, bewirkt, daß man sich unvermittelt des „Einsiedlers" erinnert, jenes Mönchs, der (Gast des Berges oder, ungeachtet der Entfernung, des Dichters?) allein auf dem Berg lebt. Die zwei folgenden Zeilen rufen in der Phantasie das einfache Leben dieses Mönches wach: denn bekanntlich wohnt den einfachsten Verrichtungen, wie „Brennholz zu bündeln" – mehr noch als den theatralischsten Akten der Frömmigkeit – die größte Spiritualität inne (die „weißen Steine" sind eine Anspielung auf jenen taoistischen Mönch des Altertums, der, weil ihm auf offener See der Proviant ausgegangen war, Steine kochte, um sich zu ernähren); die „Kalebasse" mit Wein ist ein weiteres (diesmal dem konfuzianischen Register [81] entlehntes) Merkmal des einfachen und zwanglosen Lebens – und gleichzeitig wird durch das Motiv das Gefühl der Ärmlichkeit und Ferne noch eindringlicher.

Immer ist Herbst: mit der Beschwörung dieser Klarheit, wird die Stimmung gegen Ende des

Gedichts immer mehr von einer Art Abwesenheit durchzogen, die greifbaren Zeichen rufen dazu auf, verlassen zu werden. Das Oxymoron des Vollen und des Leeren in der vorletzten Zeile – die hier Wort für Wort übersetzt werden soll:

... füllen – leer – Berg,

ist nicht einfach ein rhetorisches Spiel mit den Worten, sondern gibt zu verstehen, daß das „Volle", das eine Abschirmung bildet (indem es die Spuren verbirgt, die es erlauben würden, den Eremiten wiederzufinden), aus nichts anderem als vergänglichen und an sich hinfälligen Dingen besteht – den „Blättern", die „fallen". Die letzte Zeile schließlich nimmt einen Vers des bereits erwähnten Dichters der Fadheit (Tao Yuanming) wieder auf:

Überall Stille, keine Fußspuren,

doch dieses Motiv wird derart umgestaltet, daß die Auslöschungsbewegung selbst wahrnehmbar wird. Nur sollte man die Möglichkeit haben, sie Wort für Wort zu betrachten:

An welchem Ort – suchen – Schritte –
die Spur?

Denn nun kann man aus nächster Nähe beobachten, daß das Gefühl der Abwesenheit sich nicht mit einem Mal und als Ganzes einstellt: es äußert sich schrittweise, man *wird* sich dieses Gefühls bewußt. Dieser Umstand schuldet sich nicht nur der Formulierung als Fragesatz, sondern auch dem Effekt der Steigerung (die nicht darauf zielt, die Anwesenheit zu verdeutlichen, sondern im Gegenteil zu *entziehen*). Die Bezugnahme auf den Ort am Anfang der Zeile, verliert Schritt für Schritt an Bedeutung, wird unbestimmt: jenes andere Leben gewinnt eine ideale Dimension, doch sein wahrer *Ort* liegt weiterhin im Innern. In dem Moment, in dem sich die Zeichen entleeren, werden wir von ihrem Jenseits angezogen, und in jener letzten Zeile nimmt die Loslösung Gestalt an.

Dieses Gedicht bewirkt in uns eine Wandlung. Doch das „Jenseits", in das es uns einlädt, ist nicht metaphysisch. Es ist keine andere Welt als diese hier –, sondern diese eine (einzige), deren Trübheit geklärt, die von ihrem Realismus befreit und der ihre Frische wiedergegeben wurde. Deshalb wird sie von der Fadheit zum Ausdruck gebracht, zu der die Dichtung führt. Dieses Thema bildet von nun an den klassischen Gegenstand literarischer Reflexion:

Wang Shizhen, 17. Jahrhundert, dessen Poetik dem „spirituellen Widerhall" nachgeht

 Frage: — Die Alten behaupten, man müsse in Geschmackssachen zu unterscheiden wissen, ehe man in der Lage sei, von der Dichtung zu handeln. Dürfte ich Sie fragen, woran man den poetischen Geschmack erkennen kann?

Antwort: — Laut Sikong Tu aus der Tang-Zeit muß derjenige, der sich mit der Dichtung vertraut machen möchte, den „Geschmack jenseits des Geschmacks" kennen, ein von Su Dongpo häufig bemühter Ausdruck, der alsbald in aller Munde war. Will man sich mit der Dichtung von Tao Yuanming, Wang Wei, Wei Yingwu oder Liu Zongyuan vertraut machen, gilt es, den wahren Geschmack inmitten des Faden und Flachen zu suchen. Im ersten Augenblick wird man seiner nicht gewahr, doch er wird umso unvergeßlicher, je weiter man ihn auskostet. So auch als Lu Hongjian den Geschmack verschiedener Quellwasser kostete und das Wasser des Großen Flusses bei Zhongling unter allen Wassern der Welt am Höchsten schätzte. Der Geschmack des Wassers ist fad, doch in Wahrheit ist er gar nicht fad: es ist der beste Geschmack der Welt und der Geschmack keines anderen Nahrungsmittels kommt ihm gleich. Gewiß: schon „diejenigen, die den Geschmack des Essens zu schätzen wissen" sind „selten", doch diejenigen, die den Geschmack des Wassers zu schätzen wissen, sind noch erheblich seltener.[82]

Wir werden hier Zeugen der endgültigen Anerkennung einer poetischen Tradition. Diese wird unter Berufung auf eben jene Dichter bestätigt, die in ihr stehen (laut einer seither kanonischen Liste: Tao Yuanming, Wang Wei, Wei Yingwu, Liu Zongyuan); und sie bedient sich desselben Arguments: die Fadheit birgt den äußersten Geschmack in sich; was zuerst unbemerkt vorübergeht, ergreift einen mehr und mehr und wird unvergeßlich; kurzum, der Geschmack schlechthin ist der des Wassers.

Man sollte jedoch keineswegs die Originalität einer solchen Tradition übersehen. Zweifelsohne haben wir uns in der westlichen Welt daran gewöhnt (und diese Gewohnheit hat sich unter der Herrschaft der Linguistik noch mehr eingeschliffen), die Zeichen vermöge ihrer eigenen, von den Zuständen der Seele und den Ideologien unabhängigen Systeme und Effekte zu verstehen. Dadurch konnte sich eine völlig eigenständige Wissenschaft herausbilden: die „Semiologie". Nun mußte man jedoch bei der Lektüre jener Gedichte folgendes zur Kenntnis nehmen: der (virtuelle) Reichtum der Fadheit ist mit einer besonderen Sicht auf das Dasein (die „Loslösung" von den Erscheinungen, das Ergreifen der den Dingen innewohnenden „Leere", usw.) untrennbar verbunden; ihre „Ferne" ist gleichsam nur über einen inneren Weg zu erreichen (der indessen seinerseits diese fördert). Deshalb erfüllt das fade Zeichen nicht die „natürliche" Bestimmung des Zeichens, nämlich etwas darzustellen. Eher dient es dazu, nichts darzustellen. Und sein „Jenseits" ist nicht symbolisch.

13

„Rand" und „Mitte" der Fadheit

Denn man kann die Perspektive auch umkeh-
ren: dann stellt sich die Dimension der *Ferne*
nicht mehr als eine Erweiterung nach außen dar,
und die Fülle liegt im Innern. Das „Jenseits" der
Fadheit ist die „Mitte" des Geschmacks, dessen
Rand die Fadheit bildet. Die Logik der Überschreitung bleibt dieselbe wie zuvor, sieht sich
jedoch um eine neue Einsicht, eine buddhistische Eingebung bereichert. Gleichzeitig hebt
man den Unterschied deutlicher hervor, der zwischen der befreienden Erfahrung der Fadheit
und der Spannung, die eine symbolische Beziehung beinhaltet, besteht:

*Die Gedichte von Liu Zongyuan sind denen
von Tao Yuanming unterlegen, doch vortrefflicher als die von Wei Yingwu. Die von Han Yu
obsiegen durch die Stärke der Empfindung und
die Kühnheit des Ausdrucks, müssen jedoch,
was die gelassene und zurückhaltende Tiefe be-*

*Su Dongpo,
Kritiker der
Tang-Dichtung*

*trifft, vor den anderen zurücktreten. Man schätzt
das Herbe und Fade deshalb, weil das Innere
kostbar ist, wenn das Äußere herb ist, und die -
scheinbare - Fadheit die Schönheit in sich birgt.
Das ist bei solchen Dichtern wie Tao Yuanming
oder Liu Zongyuan der Fall. Doch lohnte es auch
dann noch davon zu sprechen, wenn in der Mitte und an den Rändern alles herb und fade
wäre? Die Buddhisten sagen: „Genauso ist es,
wenn die Menschen Honig essen und ihnen alles, ob in der Mitte oder am Rand, süß erscheint."
Wenn sie die fünf Geschmäcke kosten, können
alle Menschen das Bittere vom Süßen unterscheiden; doch diejenigen, die bei ein und demselben Geschmack zwischen der „Mitte" und
dem „Rand" zu unterscheiden wissen, sind äußerst selten.*[83]

Das Äußere ist fade, das Innere jedoch kostbar, folglich ist es geboten, vom enttäuschen-
den „Rand" des Geschmacks zur Fülle überzu-
gehen, die sich in dessen „Mitte" ᵘ befindet. Zwei
Zeilen am Ende eines Gedichts desselben
Autors zeigen noch deutlicher, was hier den Wert
der Mitte ausmacht:

*Das Salzige und das Saure gehören beide
zu den Dingen, die man mögen kann,
Doch der höchste Geschmack – der niemals
vergeht – liegt in der Mitte* ᵛ.[84]

144

So ist der Wert der „Mitte" *(zhong)*. Wie sehr der Konfuzianismus an ihm festhielt, wissen wir bereits: indem wir die Mitte bewahren, vermeiden wir es, auf einen einseitigen Standpunkt zu verfallen, der als solcher jede Möglichkeit, uns mit der Welt in Einklang zu bringen, vereiteln würde; so jedoch erlangen wir jene Neutralität, die für den großen stillen Lauf der Dinge unabdingbar ist und von der seine Selbstregelung und Stetigkeit herrührt. In der buddhistischen Schule des mittleren Weges (die Mādhyamaka-Schule), die zu Beginn unserer Zeitrechnung in Indien aufkommt, erlangt die Mitte im Zusammenhang mit der Leere *(śūnya)* ihren Wert: die Mitte transzendiert den Gegensatz zwischen zwei Extremen, zwischen Existenz und Nicht-Existenz, Bejahung und Verneinung, Lust und Leid. Dank ihrer ist die Wahrheit nicht zweiwertig. Solange die Wahrheit bedingt ist und aus der menschlichen Urteilskraft hervorgeht, bleibt die Unterscheidung zwischen einem Subjekt und einem Objekt, zwischen dem Irrtum und der Wahrheit bestehen. Gelingt es jedoch, die Leere und Unwirklichkeit der Erscheinungen ganz zu erfassen, dann enthält die absolute Wahrheit *(prajñā)* „nichts Konkretes oder Individuelles mehr, das den Gegenstand einer Unterscheidung abgeben könnte".[85] Und genau in diese Richtung führt uns der Sinn, den man in China der Fadheit zuschreibt.

Mit dem Eindringen der buddhistischen Lehre des Mittleren Weges, die sich mit taoistischen Elementen verband, sah man sich in China einer entwickelten Beweisführung gegenüber, der man in dieser Strenge bisher kaum begegnet war; so konnte sie zur theoretischen Grundlage jener Bemühungen werden, die man in China darauf verwandte, Gegensätze aufzulösen und den Irrtum der Einseitigkeit zu überwinden. Nur dank der „Weite" der Anschauung ist man fähig, „den Unterschied zwischen Existenz und Nicht-Existenz aufzulösen und das Profane mit dem Religiösen zu verbinden".[86] Denn auch wenn es gilt, sich von der (den Leidenschaften geschuldeten) „Anhänglichkeit" und dem „trügerischen Schein" (der Dauer) zu befreien, muß man sich ebenso davor in Acht nehmen, ins andere Extrem (dem der Hīnayāna-Schule) zu verfallen, in eine „einseitige Sicht", die sich der Welt nur widerwillig zuwendet und dem Leben entsagt. Denn nur, weil man der Existenz jeglichen absoluten Charakter abspricht, ist man noch lange nicht gezwungen, „sich alles Vorhandenen zu entledigen, Augen und Ohren zu verschließen und auf ewig wortlos und finster zu bleiben".[87] Weil das Seiende von nichts anderem abhängt als sich selbst, es sich aber, um zu existieren, Ursachen und Bedingungen unterwerfen muß, existiert es nicht wirklich; da es aber

Seng Rui und Seng Zhao führen im 4. und 5. Jahrhundert den Buddhismus der Mādhyamaka-Schule nach China ein

gerade aus eben diesen Ursachen und Bedingungen hervorgeht, ist es um nichts wahrer zu behaupten, daß es nicht existiere. Ebenso wie „die Existenz keine absolute Existenz ist", negiert sich in gewisser Weise auch die Nicht-Existenz selbst und ist nicht in der Lage, sich in eine „vollkommene Leere" zu verwandeln: „Insofern weder die Existenz mit dem Absoluten identisch ist, noch auch die Nicht-Existenz die Spuren auslöscht, unterscheiden sich Existenz und Nicht-Existenz zwar ihrem Namen nach, laufen jedoch auf dasselbe hinaus."[88] Auf diese Weise entgeht der mittlere Weg gleichermaßen dem Ding an sich wie den Erscheinungen. Er zieht sich auf keine der beiden Seiten zurück, sondern löst deren Dualität auf und läßt die Extreme zusammenfallen: nicht nur die Existenz mit der Nicht-Existenz, sondern auch das religiöse und das profane Leben, Nirvāṇa und Saṃsāra, Buddha und die Lebewesen.

Kehren wir zum Motiv der Fadheit zurück: jene Extreme sind die „Ränder" des Geschmacks, dessen „Mitte" sämtliche Unterschiede, die zwischen ihnen bestehen, transzendiert. Erinnern wir uns an die oben zitierten Zeilen. Wenn das „Saure" und das „Salzige" gleichermaßen „zu den Dingen gehören, die man mögen kann", gilt es, die „Mitte" (zwischen beiden) zu halten und ihre Dualität zu überwinden, um zum wahren Geschmack – „der niemals vergeht" [89] – vordringen zu können.

Schon in den beiden Zeilen, die der Erwähnung des Geschmacks direkt vorausgehen, klingt das Ideal des faden Lebens an:

Mit der Welt seine Erfahrungen machen
und unter die Leute gehen,
Sich selber betrachten,
auf umwölkten Gipfeln verweilen.

Diese beiden gegenläufigen Bewegungen, die in der chinesischen Tradition als die Alternative, entweder „die Welt zu verlassen" oder „wieder in die Welt einzutreten", formuliert wird, befinden sich nicht länger im Widerspruch; diese Aussöhnung des geistigen mit dem gesellschaftlichen Leben ist in den Augen der chinesischen Gelehrten umso bedeutsamer, als sie sich immer um eine politische Anteilnahme bekümmerten und gleichzeitig der durch die Bedingungen des Klosterlebens erzwungenen Abtrennung feindlich gesonnen waren. Die Fadheit als Ideal des Daseins verhindert, auch ohne sich in die Einsamkeit verschließen zu müssen, sich in den Zeitläuften zu verlieren. Mit dem Geschmack der Mitte wird die trügerische Opposition, innerhalb derer sie einander ausschließen, außer Kraft gesetzt:

Terrassen und Pavillons – Berge und Wälder:
Nie war es nötig, sie zu unterscheiden![90]

Somit dringt man zum Geschmack der Mitte nur dann vor, wenn es gelingt, sich nicht von welchem Geschmack auch immer begrenzen, vereinnahmen zu lassen – genausowenig sollte man ihn zu unterdrücken versuchen: wenn man keinen Geschmack auf Kosten eines anderen hervorhebt, sondern beiden im selben Maße zugänglich bleibt, sich frei zwischen ihnen bewegt und sie ihre Unvereinbarkeit verlieren. Derart ist der „klare" Geschmack *(qing)*, der aufgrund seiner Fadheit alle vereinigt und aussöhnt. Ein anderes Gedicht schließt mit folgenden Zeilen:

Es gibt in der Welt der Menschen den
*   Geschmack:*
Und es ist seine Klarheit, die wir mögen[w].[91]

Nunmehr zeichnet sich deutlicher ab, welche Bedeutung der *Mitte* im Hinblick auf den *Rand* zukommt. Wie jedoch läßt sich der Übergang von einem zum anderen denken? Meines Erachtens kann uns einmal mehr eine – interkulturelle – Perspektivierung weiterhelfen: denn bekanntlich hält in der griechischen Überlieferung die „Hülle" des Mythos im Innern eine Wahrheit verborgen. „Rand" des Geschmacks, „Schleier" der Allegorie: in beiden Fällen muß man über ein *Außen* (eine „Außenseite", ein „Gewand") hinausgehen, wenn man zur „Tiefe" vordringen will; und eben diese Verdopplung des Sinns in Schein und Wirklichkeit läßt uns zur wahrhaften Anschauung gelangen.

Ausgehend von dieser Analogie muß man nun nur noch verstehen, wie sich die Überschreitung vollzieht. Das Verdienst der mythischen Verstrikkung besteht weniger darin, die Wahrheit vor den Blicken der gemeinen Menschen zu schützen, als die Suche nach ihr voranzutreiben, indem sie uns zwingt, diese auf einer anderen Ebene fortzuführen. Je mehr Abscheulichkeiten und Schamlosigkeiten (Streit unter Göttern, Ehebruch, Kastration...) die homerischen Mythen in Szene setzen, belehrt uns Proklos (*Kommentar zur Republik*, VI. Dissertation), desto näher bringen sie uns einer geläuterten Idee des Göttlichen. Diese göttlich inspirierten Mythen „zeigen", im Unterschied zu denen mit nur erzieherischer Funktion, „durch Wider-Natur, was in den Göttern über die Natur hinausgeht, durch Wider-Vernunft, was göttlicher ist als jede Vernunft, durch die in unseren Augen widerwärtigen Gegenstände, was alle einseitige Schönheit in einer Einfachheit aufgehen läßt..." Dadurch, daß sie uns ein bewußt entstelltes und mißgestaltetes Bild bietet, entspricht die auf Darstellung bedachte Seite des Mythos nur dem „dämonischen" Bereich der Wirklichkeit, „der der Materie am stärksten verhaftet bleibt", und zwingt uns derart zu einer völlig entgegengesetzten – transzendenten – Anschauung göttlicher Natur: man könnte sagen, daß je paradoxer das Bild ist, es desto weniger plausibel ist und uns umso nachhaltiger zwingt, über seine Buchstäblichkeit hinauszugehen, mit der Ebene des Wahrnehmbaren zu brechen und uns zum Intelligiblen zu erheben. Das Gemeine führt zum Ideal, der Schein zur Wahrheit. Die Silene kommen einem in den Sinn: hinter ihren Fratzen verbergen sich ungeahnte Reichtümer. Laut Klemens von Alexandria *(Stromata V)* ist auch die bildliche Sprache der Bibel vor allem ein Anreiz: der Schleier der Parabel dient nicht nur dem Schmuck, sondern erregt in uns den Wunsch, das unter diesem Gewand verborgene Geheimnis zu suchen.[92] Verallgemeinernd könnte man sagen, daß die Logik des Symbols darin besteht, zwischen der buchstäblichen Gestalt und dem, worauf sie abzielt, ein Höchstmaß an *Spannung* zu erzeugen: aus ihr geht die fordernde Anrufung und die Tragweite des Sinns hervor.

Wie man bemerkt haben dürfte, verhält es sich mit der Überschreitung, zu der uns die Fadheit auffordert, ganz anders. Sie bringt uns keinesfalls dazu, nach einem anderen Sinn zu suchen, uns auf die Suche nach einem verborgenen Geheimnis zu machen, sondern uns von der Neigung des Sinns zur Unterscheidung, von jedem besonderen oder hervortretenden Geschmack frei zu machen. Statt mit einer Anspannung einherzugehen, befreit uns die Fadheit des „Randes" von jeder zwanghaften Fixierung: sie verschafft *Entspannung*. Sie erleichtert das Bewußtsein. Denn diese Art der Überschreitung ist ziellos, sie führt zu nichts anderem als sich selbst. Wie wir gesehen haben, gibt es in Wahrheit kein Intelligibles, das sich dem Wahrnehmbaren entgegensetzen könnte, kein Ding an sich, das den Erscheinungen vorzuziehen wäre – und die „Mitte" ist keine Hypostase von irgendetwas (nicht einmal von der „Leere"): Zwar existiert die Existenz nicht, doch genausowenig ist sie „nicht existent", es genügt, sich ihr nicht zu unterwefen, um sie völlig auskosten zu können. Die Fadheit ist der virtuelle Geschmack, die Fähigkeit, sich fortzuentwickeln und zu verwandeln, und als solche ist sie unerschöpflich. Es gibt keinen Sinn mehr, der zu enträtseln wäre, keine Offenbarung, die einem zuteil werden könnte – auch ist die „Mitte" keine Wahrheit, die dem Irrtum gegenüberstünde: im Gegenteil, jede Form der Botschaft tritt zugunsten des Schweigens zurück.

Nachdem im buddhistischen Sūtra ein jeder seine Lehre, wie „in die Nicht-Dualität einzutreten" *(advaya)* sei, dargelegt hat, begnügt sich

Vimalakīrti damit zu schweigen – und Mañjuśrī kann sich dieser Erwiderung nur anschließen:[93] wer in diesem Zustand nichts sagt, kann auch nicht widerlegt werden, und „die Erscheinungen, Klänge und Ideen sind nutzlos". Der Geschmack nimmt den Platz des Wissens ein, er ist das einzige, wonach es zu streben lohnt.

Sūtra des Vimalakīrti, *übersetzt seit dem 3. Jahrhundert, en China einer der am* höchsten geschätzten *buddhistischen Texte*

14

Fadheit oder Kraft

Was ein Paradox zu sein schien – der Wert des Faden –, drängt sich nunmehr auf, in aller Augenfälligkeit (die umso schwerer auszusprechen ist, als sie, allgegenwärtig, schon nicht mehr wahrgenommen wird). Und dennoch, obwohl die Fadheit zu einer den verschiedenen Künsten (der Musik, Malerei, Kalligraphie, Dichtung, ja sogar dem chinesischen Boxkampf, und natürlich, nicht zu vergessen, der Kochkunst) gemeinsamen Einsicht werden konnte; obwohl sie auf die eine oder andere Art aus allen Quellen des chinesischen Denkens schöpft – vom Konfuzianismus über den Taoismus bis hin zum Buddhismus – und sich aus ihren vereinigten Strömungen speist; obwohl sie schließlich auf jenem der chinesischen Kultur bekanntlich grundlegenden Wert, der Harmonie, beruht, konnte eine solche Bedeutsamkeit der Fadheit nicht unwidersprochen bleiben. Gäbe es im Übrigen nichts, was man gegen diese Aussage über die Fadheit hätte könnte, liefe sie Gefahr, sich selbst aufzuheben: die Harmonie, zum Äußersten getrieben, endet notwendigerweise im Nichts; mit der Auslöschung jeglichen Unterschieds ginge auch jedes Bewußtsein für Qualität verloren. Der Sinn versänke in der Haltlosigkeit. Die „Eloge" selbst würde unmöglich.

Ich übergehe diejenigen, die, wie der große Philosoph der Song-Dynastie (Zhu Xi über die Dichtung des Mei Yaochen),[94] einen solchen Stil keineswegs für „flach und fade", sondern für „verhärmt und kraftlos" halten (wobei hier übrigens weniger der Gegenstand gemeint sein könnte, als derjenige, der für ihn einsteht). Gegen sie wird man immer einwenden können, daß es ihnen – da sie selbst keine Dichter seien – an der nötigen Empfindsamkeit mangele... Doch zählt ein solcher Einwand nicht mehr, wenn es sich bei denen, die gegen die Fadheit angehen, um Künstler handelt – so selten dies auch vorkommen mag. Folgende Textstelle (schon zu Beginn des vorigen Kapitels zitiert) weist bereits erste Anzeichen eines möglichen Einwands auf:

(Die Gedichte von Liu Zongyuan sind denen von Tao Yuanming unterlegen, doch vortrefflicher als die von Wei Yingwu.) Die von Han Yu obsiegen durch die Stärke der Empfindung und

die Kühnheit *des Ausdrucks* [Hervorhebungen von mir, F.J.], *müssen jedoch, was die gelassene und zurückhaltende Tiefe betrifft, vor den anderen zurücktreten. Man schätzt das Herbe und Fade deshalb, weil* usw.

Schon der erste Kritiker, der die Fadheit der Dichtung gepriesen hat, stellte sein der „Harmonisierenden Fadheit" gewidmetes Gedicht erst an zweite Stelle: es ist die „Ursprüngliche Kraft", die die Reihe der vierundzwanzig Gedichte anführt (und erst im Anschluß an diese kommt die Fadheit zur Geltung). Folglich geht dem Harmonisierungsvermögen der Fadheit ein Hervorbrechen der Lebenskraft voraus: wenn der Strich nicht im mindesten sich zu verwischen gewillt ist, sondern mit aller Eindringlichkeit seinen Eindruck hinterläßt; wenn er, noch voll Ungestüm und Schwung, Leidenschaft und Leben aufschreien läßt.

Han Yu, 8.-9. Jahrhundert, der Fadheit-Loslösung feindlich gesonnen

So stellt jener Dichter der Tang-Zeit, dem zuvor „Kraft" und „Kühnheit" zugesprochen wurde, in Abrede, daß die Fadheit uns als Inspiration dienen könnte. Seines Erachtens sollte man sie eher im Lebenstrieb und der seelischen Konzentration suchen. Wer sich ausschließlich seiner Kunst widmet, braucht nicht zu befürchten, durch Zumutungen, die von außen einwirken, abgelenkt zu werden, und somit ist es müßig,

156

sich nach dem Rat der Buddhisten von der Welt lösen zu wollen. Dieser Dichter, den man vor allem als einen der großen Fürsprecher einer Rückkehr zur konfuzianischen Tradition des Altertums kennt, steht den Gefühlen schon deshalb nicht mehr grundsätzlich ablehnend gegenüber, weil er an der Wirklichkeit der äußeren Erscheinungen (denen in unserem Innern das Phänomen des Gefühls entspricht) nicht zu zweifeln vermag: dem konfuzianischen Denken zufolge unterliegen diese bekanntlich dem großen Prozeß der Natur, dem regelmäßigen Kommen und Gehen von Sichtbarem und Unsichtbarem, und dieses beharrliche Vermögen, durch Beeinflussung Lebewesen und Dinge hervorzubringen, ist die Grundlage jeder Sittlichkeit. Was die „Kunst" betrifft, so ist sie der unbedingte Reflex einer von den Veränderungen der Außenwelt bewirkten inneren Empfindung. Der Kraft dieser Einsicht, die den Menschen mit der Welt verbindet, verdankt sie ihre Fruchtbarkeit.

Und ein weiteres Mal ist es das Gebiet jener besonderen Kunst der Schrift, des Schreibens, auf dem man die Beweisführung anzutreten gedenkt. Wie uns eben jener Autor erklärt,[95] ist die Kalligraphie des Großmeisters der Tang (Zhang Xu) deshalb so bemerkenswert, weil sie ihn völlig ausgefüllt hat und er die ganze Vielfalt seiner tiefsten Gefühle auf sie übertrug: „Seine Freude und seinen Zorn, seine Verzweiflung, seine Qualen, sein Glück, seine Feindseligkeiten, seinen Neid, auch seine Trunkenheit, seine Langeweile, ja sogar sein Aufbegehren." Auch hat er, statt sich dem Schauspiel der Welt zu entziehen, dieses in seiner ganzen Intensität und seinen krassesten Gegensätzen zum Ausdruck gebracht – die friedliche Natur ebenso wie das Wüten der Kriege, alle möglichen Arten von Lebewesen, die Berge und die Blumen, die Insekten und die Sterne. Seine Schrift enthielt „den Wind und den Regen", „Feuer und Wasser", „den Donner, Blitze, Lieder, Tänze" und verwandelte sich aufgrund jener nie versiegenden Lebendigkeit unablässig. Die Fülle der Dinge, die Macht der Erscheinungen, alles, was uns begeistert oder zu Tränen rührt, hat der große Kalligraph dermaßen in seine Strichführung einfließen lassen, daß wir darüber „deren Ziel aus dem Auge verlieren" und sein Werk vor Lebenskraft überschäumt.

Um diese Kunst zu erlangen, muß man den Weg der Leidenschaft, der *Anhänglichkeit* gehen. „Klare Vorstellungen darüber zu haben, was im Sinne unseres Interesses ist und was ihm zuwiderläuft" und „nichts unserer Aufmerksamkeit entgehen zu lassen", sind die Voraussetzungen dafür, daß „eine Erregung in uns aufflammt und das ihr entsprechende Begehren so groß wird, daß es allem die Stirn bieten würde, um weiter vorwärtszuschreiten; und ob man gewinnt oder verliert, man fühlt sich mitgerissen und ganz und gar gespannt".[96] Dies, bis sich diese zum Äußersten getriebene affektive Aufladung in unserem Schreiben entlädt und „das Ideal nicht mehr fern ist". So darf man sich die Spannung vorstellen, die die Schrift des Meisters mitriß und den Reiz ausmacht, den sie ausstrahlt. Sie, die dem Rausch und dem Pathos entsprungene, läßt uns frohlocken.

Ganz anders der gute Buddhist (Gao Xian), der „das Leben und den Tod gleichsetzt" und „sich von jeder äußeren Anhänglichkeit freigemacht hat": „sein Bewußtsein ist so gelassen, daß sich nichts mehr in ihm regt, und die Welt ist in seinen Augen so fade, daß sie es nicht mehr vermag, noch Begehren zu wecken". Auf diese Weise richten „die Fadheit und die Loslösung" die Person zugrunde und lassen sie in tiefste Gleichgültigkeit verfallen: ein „erloschener", „schlaffer" Mensch – dessen Schrift unvermeidlich „mit nichts mehr Ähnlichkeit hat".

Doch löscht die Loslösung tatsächlich unsere Persönlichkeit aus? Und läßt die Fadheit uns unempfindlich werden? Offensichtlich ist der Widerstreit der Werte eher ideologisch und moralisch als ästhetisch motiviert. Nun gewinnt diese Auseinandersetzung unter der Song-Dynastie noch an Bedeutung, da die Durchdringung von Buddhismus und chinesischer Überlieferung, die Jahrhunderte zuvor ihren Anfang nahm, voranschreitet – bis sich der Gelehrte zum „Laienbruder" wandelt und im Gegenzug der Mönch Gefallen daran findet, Verse zu verfassen. Aus einem Abstand von mehr als zwei Jahrhunderten verteidigt der Autor jener feinsinnigen und schon erwähnten Unterscheidung zwischen „Rand" und „Mitte" des Geschmacks die Fadheit gegenüber dem Gefühl. Dieses Antwortschreiben ist an einen Mönch gerichtet, der ein Freund des Dichters und ein Liebhaber der Dichtung ist:[97]

Plädoyer für die Fadheit von Su Dongpo, 11. Jahrhundert

Sie haben den Schmerz und die Leere studiert,
Die hundert Gedanken, die sie hegen, sind erkaltete Asche...

Die übliche Einleitung: dank seiner spirituellen Erhebung hat er den Ursprung allen Leidens erkannt, hat er die Leere der Erscheinung bloßgelegt, ist sein Herz von jeder Unruhe befreit. Wieso sollte man sich in einem solchen Zustand noch mit Dichtung beschäftigen? Dann wird auf die Kritik an der Fadheit in der Kalligraphie Bezug genommen, die wir eben erst gelesen haben: kann man, „verwirrt" wie man ist, wenn man sich ganz der „Fadheit-Loslösung" widmet, noch

160

„Stärke und Schwung" beweisen? Darauf antwortet der Dichter wieder in eigener Sache:

> *Betrachtet man die Dinge näher, verhält es*
> *sich ganz anders. [...]*
> *Wenn Ihnen daran gelegen ist, daß Ihr*
> *poetischer Ausdruck völlig gelingt,*
> *Dann hegen Sie keine Abneigung gegen*
> *Ruhe und Leere:*
> *Denn die Ruhe steht am Ende der mannig-*
> *faltigen Bewegungen;*
> *Denn die Leere schließt alle möglichen*
> *Welten in sich ein.*

An dieser Stelle wird das Hauptargument ins
Spiel gebracht: die innere Ruhe, die Vorahnung
der Leere machen uns keineswegs für Gefühle
unempfindlich. Vielmehr erfassen wir die Gefühle umso besser, je weniger sie uns noch in Unruhe versetzen und können sie so ganz auskosten. Nun gibt man also dem Ausbruch der Leidenschaften, ihrem Aufbrausen die Schuld,
wenn ein Charakter oberflächlich und seine
Empfindungen beschränkt sind. Wenn man in
die Welt der Fadheit eingetreten ist, wird man
von keinem Gefühl mehr abgelenkt, die emotionale Erfahrung ist geläutert: und glaubt man der
alten Metapher vom stillen Wasser oder dem
Spiegel, dann reflektiert das Bewußtsein nun
umso besser den unerschöpflichen Reichtum

des inneren Lebens. Nicht nur irgendein besonderes Gefühl, das man in seiner Beschränktheit und Zufälligkeit erlebt, sondern eines, das immer umfassender wird und seine Virtualität wiedererlangt.

Auch im Hinblick auf die Malerei wurde die Auseinandersetzung in ähnlicher Weise fortgeführt. Auf einer rein technischen Ebene entspricht der Fadheit, wie wir eingangs gesehen haben, vor allem die Blässe: die Schattierungen sind weniger lebhaft; die – verdünnte – Tinte ist klarer, durchsichtiger. Ihr steht die ganze Farbenpracht gegenüber (die „fünf Farben", die den „fünf Tönen" und den „fünf Geschmäcken" entsprechen). Klassischerweise bedient sich die chinesische Malerei des Gegensatzes zwischen blaß und kräftig *(dannong*[x]*)* wie allen anderen Gegensätzen, die der Darstellung Dynamik verleihen („leer" und „voll", „dicht" und „spärlich"...). Doch die Blässe kann durchaus auch zum Grundton der Malerei, zu ihrer Stimmung werden, was wiederum das „Flache und Fade", wie im Fall der faden Dichtung, zu einem eigenen Stil werden läßt. Diese Tradition kann man mindestens bis auf das 10. Jahrhundert (auf ihre damaligen Vertreter Dong Yuan und Juran) zurückverfolgen; die Landschaft am unteren Blauen Fluß (am *Jiangnan*) ist ihm die liebste: weite

162

Wasserflächen eröffnen den Raum; als seien sie weitere Wellen, wogen in der Ferne die Hügel – ohne „vorstehende Ecken" oder merkwürdige Steilhänge; und all das löst sich im Nebel auf wie „verstreute Hanfsamen". Schließlich jene verhangene Stimmung, die die Konturen mildert und sie verwischt.

Wie zuvor auf dem Lebensweg der Dichter gelingt es auch diesem Maler (Juran, dem Schüler) erst im Alter, „flach und fade" zu sein; zu den Nebeln, die in seinen Landschaften aufsteigen, heißt es schlicht, sie seien „klar und weich".[98] In Bezug auf den Meister ist der Kommentar nicht ganz so wortkarg:

Mi Fu, 11. Jahrhundert, Kalligraph, Maler und Ästhet, Autor der Notizen eines Kenners

Abb. 6, *Fadheit und Vitalität*
eine Dong Yuan zugeschriebene Landschaft, 10. Jahrhundert
(Nationalmuseum Taibei)

163

Dong Yuan versteht es, im höchsten Maße flach und fade, natürlich und wahrhaftig zu sein. Unter der Tang-Dynastie gab es niemanden von solchem Rang [...]. [In seinen Landschaften] *tauchen die Berggipfel auf und verschwinden, hellen sich Wolken und Nebel auf und verdunkeln sich wieder. Er bedient sich nicht eines einzigen Kunstgriffes, sondern gelangt unmittelbar zu einem natürlichen und wahren Ausdruck. Die Farbe des Nebels ist von tiefem Blau; Baumstämme und Äste ragen kraftvoll und aufrecht empor, alles atmet Leben.*[99]

Wie in der faden Dichtung taucht die Fadheit in der Malerei die Landschaft in eine Art Abwesenheit: kaum daß sich die Formen abgezeichnet haben, entziehen sie sich uns auch schon wieder, sie öffnen sich einer Weite, die sie überschreitet. Die Fadheit läuft jedoch nicht auf Substanzlosigkeit hinaus: die Bäume im Vordergrund bringen eine innere Intensität zum Ausdruck. Einmal mehr wird das „Natürliche" zum Fundament der Fadheit.

Das Lob der Fadheit in der Malerei bedient sich derselben Argumente: die ihr eigene Schlichtheit erinnere an die der „Alten", die sich dem Geschmack für Glanz und Verlockung – für Aufsehenerregendes und leicht Verdauliches – widersetzten, dem viele ihrer Zeitgenossen verfallen waren;[100] die Fadheit wird dagegen unverwandt mit denselben Begriffen in Verbindung gebracht – „Ruhe", „Leere", „Einsamkeit" und eine Empfindung der „Aufgabe".[101] Unverändert übernimmt man die dialektische Umkehrung, mit der die Fadheit der Dichtung aufgewertet wurde: was einfach ist, ist „umso vollständiger", was fade ist, „umso dichter und gebündelter".[102] Die Fadheit ist intensiver als jede sich äußernde Intensität. So wie die „unbekümmerte Verfügbarkeit" in Wirksamkeit mündet, wie die „Ruhe" uns vollkommene Einsicht eröffnet oder die „Ferne" die Tragweite des Sinns vermehrt, ist es die Fadheit, die uns der Orginalität am nächsten bringt.[103] Denn soweit man die „Fülle", die „Fadheit" und die „Abwesenheit jeder besonderen Absicht" auch getrieben hat, bergen sie dennoch eine „Unmöglichkeit der Unvollkommenheit" (des Sinns und der Darstellung"), die uns, wie der Kritiker erklärt, weit mehr herausfordert als jede vollendete Malerei. Eine Rückkehr zur buddhistischen Logik: das „Allgemeine" ist dem „Außergewöhnlichen", dem Besonderen nicht entgegengesetzt, sondern schließt es in sich ein.[104]

Die Fadheit verlangt, ob in der Malerei oder anderswo, eine Verwandlung, und eben dadurch zeichnet sie sich aus. Dies gilt schon für die Ausbildung des Malers: „Wenn man die Alten nachahmt, befürchtet man zunächst, daß ‚es

Fang Xun, 18. Jahrhundert, Kunstkritiker und dem Konformismus feindlich gesonnen

ihnen nicht ähnele', später befürchtet man dann, ,es ähnele ihnen zu sehr': ist es nicht ähnlich, so deshalb, weil ich ihre Technik nicht konsequent angewandt habe, ist es jedoch zu ähnlich, dann ist es nicht mehr meine eigene Technik." Die Schlußfolgerung lautet, daß sich „Fadheit und Natürlichkeit" erst dann einstellen, wenn Technik und Originalität gleichermaßen „vergessen" werden, wenn ihr Widerstreit überwunden ist.[105] Verallgemeinernd könnte man sagen, daß es in der Kunst im wesentlichen um eine Anverwandlung und Umwandlung geht: um das Außerordentliche zu erreichen, bedarf es der Flachheit, und ein fader Ausdruck setzt Originalität voraus.[106] Schließlich, aus der Sicht des Liebhabers, beruht auch die Wertschätzung eines Bildes auf einem Wandlungsprozeß (dem man sich überlassen kann oder nicht: deshalb läuft die schönste Malerei, die die Fähigkeiten desjenigen, der sie betrachtet, am meisten in Anspruch nimmt, Gefahr, nicht angemessen gewürdigt zu werden).[107] „Auf den ersten Blick ist es flach und fade", doch „je länger man es betrachtet, desto deutlicher tritt die spirituelle Dimension hervor"[z]. Wohingegen „das, was auf den ersten Blick als schön erscheint, dann nicht mehr von Belang ist, wenn man seine Augen von ihm abwendet".[108] Der Reichtum der Fadheit liegt darin, daß sie uns die Möglichkeit bietet, unseren Blick in Bewußtsein umzuwandeln und uns endlos in sie zu vertiefen: statt auf der Stelle unseren oberflächlichen Geschmack zu befriedigen, fordert die fade Malerei unser Inneres auf, sich immer tiefer in sie zu versenken. Und Malerei und Bewußtsein schreiten gemeinsam fort.

In China herrscht über diese Werte Einverständnis. Doch ich möchte nicht schließen, ohne jene Ästhetik nicht wenigstens angedeutet zu haben, die das gerade Gegenteil zu diesem Ideal darstellt und der es gelingt, eine Wirkung der Malerei zu begründen, die von Kraft und Intensität ausgeht. Man erinnere sich an die Landschaften, mit denen diese Untersuchung eröffnet wurde: blasse Landschaften, nur durch spärliche Striche angedeutet, sich auf die leeren Weiten (des Himmels oder des Wassers) hin öffnend – wo sich dem Blick nichts durch seine geballtes Auftreten aufdrängt, wo alles sich angleicht und sich zu entfernen scheint. Obgleich er sich anfangs von der gleichen Schule (der Dong Yuans und Jurans) hatte anregen lassen, gab ein Zeitgenosse dieses Malers der Landschaftsmalerei eine ganz und gar entgegengesetzte Richtung: die Formen ballen sich dichtgedrängt zusammen, statt verstreut zu bleiben, sie erfüllen den gesamten Raum, statt ihn at-

Wang Meng, der Maler der Intensität, Freund von Ni Zan, dem Maler der Fadheit

men zu lassen, sie verquicken sich oder drängen sich ganz eng aneinander, statt im Stillen und einsam zum Vorschein zu kommen. Die dichte Strichführung, die Farbenpracht, die Vielfalt, die bis in die kleinsten Einzelheiten reicht, verstärkt noch den Eindruck von Üppigkeit und Fülle; auf gefährliche Weise steigert der Gegensatz von Schatten und Licht (das von seltsamen Quellen ausstrahlt) wie auch das äußerst anfällige Gleichgewicht der Komposition (die in schwindelnde Höhen aufragt) die Spannung noch. Das Wuchern der Materie und der Formen drängt aus allen Richtungen auf uns ein: das gesamte Universum scheint, von einem großen Verwandlungstrieb durchdrungen, sich an die Schwelle zum Chaos zu drängen.

Es handelt sich um dieselbe Landschaft des Großen Sees *(Taihu)*: doch während der eine die weit auseinanderliegenden Ufer, den Blick in die Ebene, die spärliche, weitverstreute Vegetation malt (vgl. Abb. 7), hält der andere die vom Wasser ausgewaschenen Höhlen der Ufer fest (vgl. Abb. 8). Die durch nichts mehr geordnete Bewegung der Dinge wird undurchschaubar, die Strichelung der Oberfläche braust krampfhaft auf wie eine verschmelzende Masse. Überall ist die Materie in Bewegung, Windungen und Faltungen überschlagen sich, alles durchdringt einander und berührt sich. Der Raum ist gesättigt, das

Abb. 7, *Landschaft der Fadheit III*
Landschaft von Ni Zan (Nationalmuseum Taibei)

Abb. 8, *Landschaft der Dichte*
Landschaft von Wang Meng, 14. Jahrhundert
(Nationalmuseum Taibei)

Getümmel auf die Spitze getrieben. Der See selbst, dieser natürliche Ort verblassender Formen und der Ruhe, ist gerade noch in der oberen Ecke des Rollbilds zu erahnen (während ein aus der Höhle tretender Fluß sich im Vordergrund ergießt); doch das Wasser bleibt nicht seinem Lauf überlassen, es erbebt unter der allgemeinen Erschütterung, als würde es von einem Netz zurückgehalten. Nur schwer gelingt es den Behausungen, ihre rechtwinklige Form zwischen den Spalten und Rissen zu behaupten, um von der verkehrten Welt abgetrennte Zellen zu bilden: jede wird von einer einsamen, gleichsam unbeteiligten Person bewohnt.

Eine solche Landschaft erfordert keine spirituelle Vertiefung, wie sie für die Gelehrtenmalerei der unabdingbar ist. Nichtsdestotrotz wendet man sich von ihr keineswegs so leichtfertig ab, wie von den Landschaften, deren Intensität, weil sie sich offenbart, schnell erschöpft ist. Denn dieser Expressionismus nimmt den Blick gefangen und fesselt uns. Je länger wir diese Landschaft betrachten, desto mehr werden wir von ihr überwältigt. Sie zieht, anders als die fade Landschaft, in der sich die Undurchdringlichkeit der Dinge geläutert hat, aus deren Überladung und wilder Bewegung eine erstaunliche Wirkung. Statt sich zu entziehen, geht uns die Anwesenheit nicht mehr aus dem Sinn: die Landschaft eröffnet keine Befreiung des Bewußtseins, sondern eine unglaubliche Entfesselung. (Ni Zan, der ein Freund dieses Malers war, wußte dessen Kraftausbrüche zu würdigen: „Selbst einen Dreifuß aus Bronze könnten sie erschüttern!")

In dieser von Erschütterungen geprägten Welt haben beide Maler gelebt: das Ende der mongolischen Besatzung, die Krisen und Unruhen, die der Preis dafür sind, daß eine neue Macht sich durchsetzt. Der eine versucht, sich von ihr zu befreien: er entledigt sich seiner Geschäfte, löst seine Verbindungen, um die Wirren so gelassener überstehen zu können. Der andere hatte die Beamtenlaufbahn eingeschlagen und beteiligte sich weiterhin am politischen Leben. Er wurde angeklagt, zur Partei eines in Ungnade gefallenen Ministers zu gehören und starb im Gefängnis. Schon seine gequälte Malerei kündet, mit dramatischer Wucht, von der Lebensangst.

15

Die „Transzendenz" ist natürlich

Sollte es also eine auf starke, heftige Wirkungen bedachte chinesische „Romantik" geben, von der sich die freiwillige Beschränkung und die Zurückstutzungen der Reifung absetzen? Dann liefe die Diskretion der Fadheit auf die Tugenden des Klassizismus hinaus. Deren Moral besteht in der Wahl der „Schrift" – der vielzitierten „Litotes": der große Künstler „zwingt sich zur Alltäglichkeit", heißt es bei Gide (in seinem „Billet à Angèle");[109] „vollendet ist ein Kunstwerk dann, wenn man es zuerst nicht wahrnimmt, es beinahe unbemerkt bleibt"; es ist Ausdruck eines Gleichgewichts, in dem „die gegensätzlichsten Eigenschaften" gemeinsam „atmen". Ähnlich wie beim faden Kunstwerk gilt es, auch die klassischen Werke „lange zu betrachten", „damit sie willig ihre tiefere Bedeutung preisgeben", „so verborgen ist ihr Beben". Hinter der scheinbaren „Kälte" kommt nunmehr „ihre hervorragendste Eigenschaft" zum Vorschein: die „Zurückhaltung".

Doch der Vergleich endet hier, er ist verdammt zu hinken, schief zu sein (nicht daß er im wahrsten Sinne des Wortes falsch wäre, doch ab einem gewissen Punkt wird er bedeutungslos). Denn während man durchaus eines geheimen Einverständnisses, hier wie dort, zwischen dem Hervorbrechen der Leidenschaft (eines Feuers unverbrauchter Kräfte oder von Gefühlen, die wir nicht imstande sind zu unterdrücken) und der Heftigkeit des Ausdrucks (der so die Psychologie, die Sitten und den Stil verbindet) gewahr werden kann, sprengt der Sinn der Fadheit einen solchen Rahmen, oder besser, er durchquert ihn nur: sie begnügt sich nicht mit einer Moral der Zurückhaltung, sondern verwurzelt sich in einer „metaphysischen" Einsicht, der *Neutralität* (wir verwenden den Begriff der „Metaphysik" hier nur in seiner Beziehung zu uns und mit denselben Vorbehalten, die wir bereits namhaft gemacht haben: denn, wie wir gesehen haben, erwehrt sich die Fadheit jeder Metaphysik, deren Konstruktionen sie allesamt auflöst). Nicht nur daß sich die Fadheit in einem gewissen Stil verkörpert, sie verlangt eine Umwandlung des Daseins: wie wir gesehen haben, besagt dasselbe Wort nicht nur die Fadheit der Dinge, sondern auch ein Sich-Loslösen. Um diese Gesamtansicht wiederzugeben spricht man in China, im Rückgriff auf einen buddhistischen Terminus, von der *Welt (jing)*.

Die Fadheit ist eine Erfahrung, die das Bewußtsein im Ganzen betrifft, sie bringt unser *In-der-Welt-Sein* auf die entschiedenste Weise zum Ausdruck. Was wir erst dann richtig ermessen können, wenn wir den hergebrachten Gegensatz von Klassizismus und Romantik hinter uns lassen und zu dem übergehen, was auf letztere folgt (die französische Kunst und Empfindsamkeit des ausgehenden 19. Jahrhunderts): als die Dichtung sich vornahm, die Welt und den Geist „einzuschlagen" und zum Feld jeder nur denkbaren Erkundung wurde; als sich aber auch nach dem großen lyrischen Überschwang die unstillbare Gier nach sinnlichen Reizen abschwächte und man die innere Verfügbarkeit entdeckte:

Schließe deine Augen halb,
Verschränke deine Arme über der Brust,
Und aus deinem entschlafenen Herz
Vertreibe auf ewig jeglichen Plan...[110]

„Ruhe, Stille, Entspannung, Öffnung", lautet der Kommentar Jean-Pierre Richards in seiner schönen Studie, die er der „Fadeur de Verlaine"[111] gewidmet hat: eine solche Formulierung wäre genauso gut dazu geeignet, die chinesische Einsicht anzudeuten. Aufgrund seines „Quietismus des Empfindens", seiner Erfassung der Welt auf einer Stufe gleichzeitiger An- und Abwesenheit, in der diese unbestimmter ist, schließlich durch die Verlockung der Selbstaufgabe und Gleichgültigkeit, die in vielerlei Hinsicht seinen Weg bestimmt, läßt sich das „verlainesche Sein" tatsächlich von der Fadheit eines „im Verlöschen begriffenen Daseins" verführen: die Gerüche „verfliegen", die Landschaften sind „durch das Aufsteigen von Nebel und Zwielicht in Unwirklichkeit getaucht", die Töne „bereits alle von Stille durchdrungen".

Doch diese Vorliebe der Empfindung mündet bei Verlaine nicht in einer grundlegenden Bewußtwerdung. Was seinerseits auf die Empfindung zurückwirkt: die Beschaffenheit der verlaineschen Fadheit, in der Gestalt des *Gedämpften* oder des *Verblassenden*, hat eher den Reiz eines sich vollziehenden Verlöschens (halbtote Empfindungen, die von ihrem Ursprung abgetrennt sind) als den Zauber der Fülle (eines Ganzen, das noch nicht „zerschnitten" ist); sie zieht ihren Reichtum keineswegs aus ihrer Virtualität (also bevor sie sich in ihren Aktualisierungen auflöst), sondern aus dem, was sie einmal war und nicht mehr ist. Weil sie sich nicht in einer grundlegenden Neutralität der Welt und der Erfahrung verankern kann (in China diejenige der „Mitte" oder des Tao), weil ihr Verlangen nach Ungeteiltheit nicht in einem „Gemeinplatz der Empfindsamkeit" mündet und sie somit eine rein subjektive Suche bleibt, die jede Verbindung mit der Lebendigkeit der Dinge verloren hat, bleibt es der verlaineschen Fadheit verwehrt, sich als solche auf Dauer zu behaupten: der Untersuchung Jean-Pierre Richards zufolge beginnt der Geschmack der Fadheit nunmehr, sich selbst zuzuspitzen und die (Verlaine so wichtige) Kunst der Dissonanz das Bewußtsein aus der ihm drohenden Verkümmerung zu reißen. Eine *Spitze* fällt der Unentschlossenheit des tristen Liedes ins Wort und zerreißt sie: der „Augenblick" ist „gleichzeitig sehr *verschwommen* und sehr *scharf*".[112]

Weit entfernt von der unendlichen Vielseitigkeit der chinesischen Fadheit, die zur Harmonie führt, erweist sich die Neutralität des Geschmacks beim *poète maudit* als ein Doppelsinn, der aufgrund einer gesuchten Zweideutigkeit nicht nur imstande ist, das Bewußtsein zu verführen, sondern auch zu beunruhigen. Der fade Geschmack wird *süß-sauer*, woraus der Dichter ein künstliches Vergnügen zieht (im Sinne der „künstlichen Paradiese" von Baudelaire). Ein „zweifelhaftes", wenn nicht gar verdächtiges Gleichgewicht: von nun an ist die Fadheit „aufreizend" wie eine Provokation. Dieser triste Geschmack schuldet sich einem *Vorsatz* wie in folgender Zeile:

Gereizt, dies vorsätzlich fade Herz.[113]

Derselbe Befund im Bereich der Musik: hier ist es Fauré, der auf Verlaine antwortet. Ihnen gemeinsam: der „Dämpfer". Vladimir Jankélévitch erklärt uns nachdrücklich, daß sich der Komponist für *La Bonne Chanson* und seine *Fêtes galants* vom „Geist der Litotes" und einer „vagen Sprache" inspirieren ließ: die Personen „erscheinen uns so entzückend gespenstisch", sie „streifen die Gefühle nur, ohne jemals aufdringlich zu werden": „neutral, ausgelöscht, widersprüchlich". „Das Halbdunkel suchen, den Halbton malen, wenige Worte halblaut sprechen": so jedenfalls das Ideal. Das kleine Pedal „dämpft und filtert", und der leichte Anschlag der Noten ist selbst eine Kunst des Vorüberstreichens (vgl. *Fauré et l'inexprimable* und *La musique et l'ineffable*).[114] Doch Vladimir Jankélévitch warnt uns auch: dieser „ausdruckslose Ausdruck" ist eine Täuschung, die Gleichgültigkeit nur gespielt. Die Abneigung gegen das große Pedal, der „Argwohn gegenüber *rallentando* und *rubato*", die gleichwohl in Gabriel Faurés leiser Musik unüberhörbar sind, zeugt durchaus von einer von seiner gesamten Generation geteilten Ablehnung der großen romantischen Effekte. Dieser *flache Stil*, der „einebnet und verein-heitlicht", wird von taktischen Absichten unter-hölt. Unter diesen unauffälligen Erscheinungen kursiert „hinterlistig eine aufrührerische Spra-che", dieser „Pseudo-Konformismus" verbirgt „eine diffuse Gesetzlosigkeit". Die Kälte ist eine Maske und die Fadheit eine vorgeschützte Un-befangenheit.

Bei Verlaine ist das Fade ein Verblassendes, das sich zu sterben weigert und uns durch seine Pseudo-Existenz unweigerlich verführt und in sie einschließt: selbst der Begriff der Wirklichkeit droht durch sie verlorenzugehen. Um wieder mit dem Sein in Verbindung zu treten, um sich jenem beunruhigenden Geheimnis der Ungeteiltheit der Dinge zu entziehen, in dem, wie er vermeint, sich sein Bewußtsein auflöst, weist Verlaine bekannt-lich die Versuchung (der Fadheit, der Trägheit) brüsk zurück und wendet sich der Transzendenz zu: vom „das" der sinnlichen Unentschiedenheit geht er zum „Er" der Offenbarung über. Fortan wird er sich eine (Christi) Wahrheit vor die Augen heften, sich zu den salbungsvollsten Bilderbögen zwingen (in: *Sagesse*), eifrig alle „Schubladen" seines Geistes neu zusammenfügen (mit Hilfe derer alles Wirkliche unterschieden und geord-net wird). Deshalb kann auch das „grelle Licht" des neu erlangten Glaubens,

Indem es jedes erschienene Ding
Mit einem schwarzen Strich durchtrennt
Dir die Pflicht zeigen
In ihrer rauhen Form.[115]

Um diesen Preis ist alles wieder fein säuberlich geschieden. Schluß mit der Fadheit: der Gegensatz löst die Neutralität auf, gibt neue Gewißheit.

Die chinesische Fadheit, die weder einfach nur eine Litotes noch eine gekünstelte Fadheit ist und durch die Klarheit des Wassers „am Grunde aller Geschmäcke" versinnbildlicht wird, ist eine Umwandlung, deren *Jenseits* in ihr selbst liegt: insofern sie das Bewußtsein zur Wurzel des Realen führt, in die Mitte, aus der der Lauf der Dinge hervorgeht, wird sie zum Weg einer Vertiefung (ins Einfache, Natürliche, Wesentliche) und einer Loslösung (vom Besonderen, Individuellen, Zufälligen). Ihre Transzendenz mündet nicht in einer anderen Welt, sondern wird im Modus der Immanenz selbst erlebt (von dieser Warte aus gibt es zwischen diesen beiden Begriffen keinen Gegensatz mehr). Die Fadheit ist die Erfahrung einer „Transzendenz", die mit der Natur in Einklang steht – die vom Glauben entbunden ist.

Anmerkungen

1. Barthes, Roland, „Alors la Chine?", in: *Œuvres complètes*, Bd. 3, Paris 1995, S. 32-35. Zuerst erschienen in *Le Monde*, 24. Mai 1974. Als Flugschrift mit einem vormals unveröffentlichten Nachwort neu herausgegeben von Christian Bourgois, Paris 1975. [A.d.Ü.]

2. Barthes, Roland, *L'empire des signes*, Genf 1970 (*Das Reich der Zeichen*, Frankfurt a.M. 1981). [A.d.Ü.]

3. Hegel, Georg Wilhelm Friedrich, *System und Geschichte der Philosophie*, hrsg. v. Johannes Hoffmeister, Leipzig 1940, S. 272-273.

4. *Lunyu* VII.19; Kommentar von Zhu Xi, *Sishu zhangju jizhu*, Beijing: Zhonghua shuju 1983, S. 97. [Vgl. Konfuzius, *Gespräche (Lun-yu)*, herausgegeben und übersetzt von Ralf Moritz, Stuttgart 1998, S. 41: Zitate aus dem Chinesischen wurden, soweit möglich, mit den Originalen abgeglichen. Liegen verläßliche und/oder gebräuchliche deutsche Übertragungen vor, so wird auf diese im Anschluß an die Quellenangaben in eckigen Klammern verwiesen. Wörtlich übernommen wurden die dort gegebenen Übersetzungen indes nur, wenn sie mit der Auslegung und Argumentation F. Julliens vereinbar schienen. A.d.Ü.]

5. *Ibid.*, VII.32 [Moritz, *Gespräche*, S. 44]; Kommentar Zhu Xi, *op. cit.*, S. 101.

6. *Laozi* 35. [Vgl. Lao-tse, *Tao-Tê-King. Das Heilige Buch vom Weg und von der Tugend*, übersetzt von Günther Debon, Stuttgart 1979 (1961), S. 59.]

7. *Ibid.* 63. [Vgl. Debon, *Tao-Tê-King*, S. 92.]

8. *Zhuangzi*, Kap. XX, in: *Zhuangzi jishi*, hrsg. v. Guo Qingfan, Taibei: Shijie shuju 1962, S. 292-294. [Vgl. Dschuang Dsï, *Das wahre Buch vom südlichen Blütenland*. Aus dem Chinesischen übertragen und erläutert von Richard Wilhelm, München 1988 (1920), S. 98.]

9. *Ibid.*, Kap. XIII, S. 457; Kap. XV, S. 538; Kap. X, S. 359-60. [Vgl. Wilhelm, *Blütenland*, S. 156, 170-172 und 111-114.]

10. *Zhongyong* 1. [Vgl. Weber-Schäfer, Peter, *Der Edle und der Weise. Oikumenische und imperiale Repräsentation der Menschheit im Chung-yung, einer didaktischen Schrift des Frühkonfuzianismus,*

München 1963, S. 31.]

11. *Ibid.* 11. [Vgl. Weber-Schäfer, *Der Edle und der Weise*, S. 35.]

12. *Ibid.* 33. [Vgl. Weber-Schäfer, *Der Edle und der Weise*, S. 65.]

13. *Ibid.* 15. [Vgl. Weber-Schäfer, *Der Edle und der Weise*, S. 40.]

14. *Zhuangzi*, Kap. XX, *op. cit.*, S. 684-685. [Vgl. Wilhelm, *Blütenland*, S. 213-214.]

15. *Liji*, Kap. „Biaoji", in: Séraphin Couvreur, *Li Ki ou Mémoires sur les bienséances et les cérémonies. Texte Chinois avec une double traduction en Français et en Latin*, Paris 1951 [1913], Bd. II, Teil 2, S. 507-508. [Vgl. *Li Gi. Das Buch der Riten, Sitten und Bräuche*. Übersetzt von Richard Wilhelm, München 1994 (1930), S. 192.]

16. Zu dieser Unterscheidung vgl. Mou Zongsan, *Caixing yu xuanli*, Taibei: Xuesheng shuju 1978 [1963], S. 43.

17. Liu Shao, *Renwuzhi*, Kap. I („Jiu zheng"), *Sibu beiyao* ed., Shanghai 1936; vgl. die Studie von John Shryock, *The Study of Human Abilities. The Jen wu chih of Liu Shao*, New Haven 1937, S. 96.

18. Vgl. die Eloge auf Konfuzius in *Mengzi* 2A:2 und 5B:1. [Vgl. *Mong Dsï, Die Lehrgespräche des Meisters Meng K'o*. Übertsetzt von Richard Wilhelm, Köln 1982 (1916), S. 70 und 147.]

19. Liu Shao, *Renwuzhi*, Kap. I, *op. cit.*

20. Vgl. zum Beispiel die „Biographie des Xi Jian" (zu Yue Guang) im *Jinshu*, Beijing: Zhonghua shuju 1974, S. 1797.

21. Siren, Osvald, *La sculpture chinoise, du ve au xive siècle, Introduction générale*, Paris: Annales du musée Guimet, S. 33 und 36-37.

22. *Lüshi chunqiu*, Kap. XIV:2 („Benwei"), in: *Lüshi chunqiu jiaoshi*, hrsg. v. Chen Qiyou, Shanghai: Xuelin chubanshe 1984, S. 740; *Huainanzi*, Kap. „Miuchengxun", in: *Zhuzi jicheng* 7, Shanghai: Zhonghua shuju 1954, S. 158.

23. *Liji*, Kap. „Yueji", I:9, in: Couvreur, *Mémoires sur les bienséances*, Bd. II, Teil 1, S. 51-52. [Vgl. Wilhelm, *Das Buch der Riten*, S. 73.]

24. *Zhuangzi*, Kap. XIII, *op. cit.*, S. 467-468. [Vgl. Wilhelm, *Blütenland*, S. 158-160.]

25. *Laozi* 12. [Vgl. Debon, *Tao-Tê-King*, S. 36.]

26. *Zhuangzi*, Kap. XII, *op. cit.*, S. 411. [Vgl. Wilhelm, *Blütenland*, S. 130-131.]

27. *Laozi* 2. [Vgl. Debon, *Tao-Tê-King*, S. 26.]

28. *Laozi* 41. [Vgl. Debon, *Tao-Tê-King*, S. 70.]

29. Wang Bi, Kommentar zu *Laozi* 41, in: *Wang Bi ji jiaoshi*, Beijing: Zhonghua shuju 1980, S. 113.

30. *Ibid.*, Kommentar zu *Laozi* 14, *op. cit.*, S. 31.

31. *Zhuangzi*, Kap. II, *op. cit.*, S. 74. [Vgl. Wilhelm, *Blütenland*, S. 130-131.]

32. *Lunyu*, XI.26. [Vgl. Moritz, *Gespräche*, S. 69-70.]

33. Su Dongbo, „Lieder zu Ehren der 18 Arhats" (Nr. 16).

34. Wang Shizhen, in: *Daijitang shihua*, Bd. 3 *(Qing yan lei)*, Beijing: Renmin wenxue chubanshe 1982, S. 88.

35. Biographie des Tao Yuanming im *Songshu*, Beijing: Zhonghua shuju 1974, Kap. 93, S. 2288; vgl. A. R. Davis, *T'ao Yüan-ming AD 365-427. His Works and their Meaning*, Cambridge 1983, Bd. 2, S. 168.

36. Ruan Ji, *Yuelun*, in: *Ruan Sizong ji, Siku quanshu* ed.

37. Li Bo, „Gedicht für Yuan, den Dienstverwalter der Kommandantur von Qiao, in Erinnerung an vergangene Spaziergänge", in: *Quan Tangshi*, Beijing: Zhonghua shuju 1979, Bd. 5, S. 1770.

38. *Liezi*, Kap. 5 („Tangwen"), in: *Zhuzi jicheng* 3, Shanghai: Zhonghua shuju 1954, S. 60. [Vgl. *Liä Dsï. Das wahre Buch vom quellenden Urgrund*. Aus dem Chinesischen übertragen und erläutert von Richard Wilhelm, Düsseldorf/Köln 1968 [1911], S. 111-112.]

39. Li Bo, „In Jingling, als ich den Zensor Han die Flöte spielen hörte", *Quan Tangshi, op. cit.*, Bd. 6, S. 1877.

40. Li Bo, „Als ich den Mönch Jun aus Shu die Zither spielen hörte", *ibid.*, Bd. 6, S. 1868. [Vgl. *Li Tai-Bo - Gedichte. Eine Auswahl*, übersetzt von Günther Debon, Stuttgart 1962, S. 63.]

41. Bo Juyi, „Die fünfsaitige Zither", *ibid.*, Bd. 13, S. 4697.

42. *Ibid.*, „Die große Zither in der Nacht", S. 4752.

43. *Ibid.*, „Als ich eines Nachts im Boot die große Zither spielte", S. 5019.

44. *Ibid.*, „In klarer Nacht überkommt mich die Lust, auf der Zither zu spielen", S. 4721. Ausführlichere Hinweise und eine gute Analyse des Problems finden sich in der Dissertation von Florence Hu-Sterk, *Esthétique musicale et poésie des Tang*, Université de Paris-VIII 1991.

45. Wang Chong, *Lunheng*, Kap. „Ziji", in: *Zhuzi jicheng* 7, Shanghai: Zhonghua shuju 1954.

46. Lu Ji, *Wenfu*, in: *Wenfu jishi*, hrsg. v. Zhang Shaokang, Shanghai:

Shanghai guji chubanshe 1984, S. 130. [Vgl. Günther Debon, *Chinesische Dichtung. Geschichte, Struktur, Theorie*, Leiden/Köln 1989, S. 117.] Ich kann mich nicht entschließen *alles*, am Anfang des zweiten Verses, mit „mangeln" zu übersetzen, wie es alle Interpreten tun, weil das den Parallelismus der beiden Verse zerstören und den Bezug weniger einsichtig machen würde.

47. Zhong Hong, *Shipin*, „Vorwort", *Sibu beiyao* ed. [Vgl. Bernhard Führer, *Chinas erste Poetik: Das Shipin* (Kriteirion Poietikon) *des Zhong Hong (467?-518)*, Dortmund 1995, S. 92.]

48. *Ibid.*, „Zweite Abteilung", zu Guo Pu. [Vgl. Führer, *Chinas erste Poetik*, S. 315.]

49. Vgl. *Wenxin diaolong*, Kap. XXXI („Qingcai"), in: *Wenxin diaolong zhu*, hrsg. v. Fan Wenlan, Beijing: Renmin wenxue chubanshe 1958, Bd. 2, S. 537 und 539. [Vgl. Li Zhaochu, *Traditionelle chinesische Literaturtheorie: Wenxin diaolong*, Dortmund 1997, S. 39-42.]

50. *Ibid.*, Kap. XLVI („Wuse"), S. 694. [Vgl. Li Zhaochu, S. 99-102.]

51. *Ibid.*, Kap. XL („Yinxiu"), S. 633. [Vgl. Li Zhaochu, S. 74-75.]

52. Zhong Hong, *Shipin, op. cit.*, „Vorwort" und „Erste Abteilung" (zu Zhang Xie). [Vgl. Führer, *Chinas erste Poetik*, S. 267-268.]

53. Jiaoran, *Shishi*, in: *Lidai shihua*, hrsg. v. Hu Wenhuan, Beijing: Zhonghua shuju 1981, Bd. 1, S. 33; vgl. *Jiaoran Shishi jijiao xinbian*, hrsg. v. Xu Qingyun, Taibei: Wenshizhe chubanshe 1984, S. 26-27.

54. Sikong Tu, *Ershisi shipin*, Gedicht 2 („Chongdan"), in: *Shipin jijie*, hrsg. v. Guo Shaoyu, Taibei: Qingliu chubanshe, S. 5.

55. *Ibid.*, Gedicht 9 („Qili"), S. 18.

56. *Ibid.*, Gedicht 16 („Qingqi"), S. 30.

57. *Ibid.*, Gedicht 6 („Dianya"), S. 12-13.

58. Mei Yaochen, zit. nach: *Zhongguo wenxue piping ziliao huibian*, Bd. 3 *(Bei Song)*, hrsg. v. Huang Qifang, Taibei: Chengwen chubanshe 1978, S. 110. [Vgl. Peter Leimbigler, *Mei Yao-ch'en (1006-1060). Versuch einer literarischen und politischen Deutung*, Wiesbaden 1970, S. 123.]

59. *Ibid.*, S. 111.

60. Wei Qingzhi, *Shiren yuxie*, Kap. X („Ping-dan"), Shanghai: Shanghai guji chubanshe 1978, S. 218. [Vgl. Volker Klöpsch, *Die Jadesplitter der Dichter. Die Welt der Dichtung in der Sicht der klassischen chinesischen Literaturtheorie*, Bochum 1983, S. 191.]

61. Wu Ke, *Canghai shihua*, in: *Lidai shihua xubian*, hrsg. v. Ding Fubao, Beijing: Zhonghua shuju 1983, Bd. 1, S. 328.

62. Wei Qingzhi, *op. cit.*, S. 218. [Vgl. Klöpsch, *Jadesplitter*, S. 191.]

63. Wu Ke, *op. cit.*, S. 331.

64. Ouyang Xiu, zit. nach: *Zhongguo wenxue piping ziliao huibian*, *op. cit.*, S. 129.

65. *Ibid.*, S. 131.

66. *Ibid.*, S. 130.

67. Mei Yaochen, in: *Wanling ji*, *Sibu congkan* ed., 28:11b-12a. [Vgl. Klöpsch, *Jadesplitter*, S. 192]; eine gelungene Untersuchung zum Ausdruck *pingdan* bei Mei Yaochen findet man bei Jonathan Chaves, *Mei Yao-ch'en and the Development of Early Sung Poetry*, New York/ London 1976, S. 114 ff.

68. *Ibid.*, 24:16a-b.

69. Ouyang Xiu, zit. nach: *Zhongguo wenxue piping ziliao huibian*, *op. cit.*, S. 132.

70. Mei Yaochen, *ibid.*, S.111.

71. Vgl. dazu meine Studie *La valeur allusive, des catégories originales de l'interprétation poétique dans la tradition chinoise*, Paris 1985, S. 152.

72. Sikong Tu, „Brief über die Dichtung an Herrn Li", *Shipin jijie*, *op. cit.*, S. 47.

73. *Ibid.*

74. „Brief über die Kritik der Dichtung an Herrn Wang Jia", *ibid.*, S. 50.

75. „Brief über die Dichtung an Herrn Li", *ibid.*, S. 48.

76. Zit. nach *Tangshi sanbaishou jishi*, hrsg. v. Yan Yiping, Taibei: Yiwen yinshuguan, S. 410.

77. *Tangshi sanbaishou*, hrsg. v. Liu Dacheng, Taibei: Wenhua, S. 271.

78. Sikong Tu, „Brief über die Dichtung an Herrn Ji Fu", *op. cit.*, S. 52.

79. Su Dongpo, „Nachwort zu den Gedichten des Huang Zisi", in: Guo Shaoyu, *Zhongguo lidai wenlun xuan*, Beijing: Zhonghua shuju 1963, Bd. 2, S. 76.

80. Wei Yingwu, „An den Einsiedler in den Bergen von Quanjiao gesandt", zit. und kommentiert in: *Tangshi sanbaishou*, *op. cit.*, S. 33-34. [Vgl. *Der Seidene Faden. Gedichte der Tang.* Aus dem Chinesischen übertragen von Volker Klöpsch, Frankfurt a.M. 1991, S. 225.] Meine Übersetzung folgt fast vollständig der in der *Anthologie de la poésie chinoise*

classique, herausgegeben unter der Leitung von Paul Demiéville, Paris 1962, S. 278.

81. *Lunyu* VI.11, zu Yan Hui. (Vgl. Moritz, *Gespräche*, S. 34.)

82. Wang Shizhen, in *Qing shihua*, Shanghai: Shanghai guji chubanshe 1978, Bd. 1, S. 143-144.

83. Su Dongpo, „Kritik der Dichtung von Han Yu und Liu Zongyan", zit. nach: Guo Shaoyu, *Zhongguo lidai wenlun xuan*, *op. cit.*, Bd. 2, S. 79.

84. „Gedicht zum Geleit des Mönches Canliao", *ibid.*, S. 78-79.

85. Ch'en, Kenneth K. S., *Buddhism in China*, Princeton 1964, S. 85.

86. Seng Rui, „Vorwort zum *Zhonglun* des Nāgārjuna", *Taishō Tripitaka*, Bd. XXX, Nr. 1564, S. 1a-b; eine ausgezeichnete Untersuchung dieses Textes liefert Richard H. Robinson, *Early Mādhyamika in India and China*, Madison et al. 1967, S. 115 ff.

87. Seng Zhao, *Buzhen kong lun*, *Taishō Tripitaka*, Bd. XLV, Nr. 1858, S. 152a-153a; vgl. Robinson, *op. cit.*, S. 123 ff. und Walter Liebenthal, *The Book of Chao*, Peking 1948, S. 56.

88. *Ibid.*

89. Vgl. hierzu besonders den Kommentar zu diesem Gedicht in der Dissertation von Beata Grant, *Buddhism and Taoism in the Poetry of Su Shi*, Ann Arbor (U.M.I.) 1987, S. 225.

90. *Su Shi shiji*, Beijing: Zhonghua shuju 1982, S. 2755-2756.

91. Su Dongpo, „Huanxisha", zit. nach: *Songci xuan*, hrsg. v. Hun Yunyi, Shanghai: Zhonghua shuju 1962, S. 83-84.

92. Zu dieser Frage vgl. vor allem Tzvetan Todorov, *Symbolisme et interpretation*, Paris 1978, S. 117 und den Artikel von Alain Le Boulluec, „Voile et ornement: le texte et l'addition des sens, selon Clément d'Alexandrie", in: *Question de sens*, Paris: P.E.N.S., S. 52; eine allgemeine Untersuchung dieser Frage bietet Henri de Lubac, *Exégèse médiévale, les quatre sens de l'Ecriture*, Paris 1959.

93. *L'enseignement de Vimalakirti (Vimalakirtinirdesa)*, übersetzt von Etienne Lamotte, Louvain 1962, Kap. VIII, S. 317.

94. *Shiren yuxie*, *op. cit.*, Bd. 1, S. 219.

95. Han Yu, „Abschiedsbrief an den Mönch Gaoxian". Erwähnenswert sind die Untersuchungen dieses wichtigen Textes durch Charles Hartman, *Han Yü and the T'ang Search for Unity*, Princeton 1986, S. 222 ff. und

Hsiung Ping-Ming, *Zhang Xu et la calligraphie cursive folle*, Paris 1984, S. 117 ff.

96. *Ibid.*

97. Su Dongpo, „Gedicht zum Geleit des Mönches Canliao", *op. cit.*

98. Mi Fu, *Hua shi* 19 und 99; vgl. Nicole Vandier-Nicolas, *Le Houa-che de Mi Fou*, Paris 1964, S. 35 und 93.

99. *Ibid.* 21; Vandier-Nicolas, S. 36.

100. Vgl. beispielsweise Zhao Mengfu, „Songxue lunhua", zit. nach: *Zhongguo hualun leibian* [fortan zitiert als *Leibian*], hrsg. You Jianhua, Hong Kong: Zhonghua shuju 1973, S. 92.

101. Li Rihua, zit. nach: *Leibian*, S. 132.

102. *Ibid.*, S. 130.

103. Dai Xi, zit. nach: *Leibian*, S. 992.

104. Yun Xiang, zit. nach: *Leibian*, S. 769.

105. Fang Xun, zit. nach: *Leibian*, S. 235.

106. *Ibid.*, S. 239.

107. *Ibid.*, S. 231.

108. *Ibid.*, S. 230.

109. „Billet à Angèle. (Encore le classicisme)", in: *Incidence*, Paris 1924, S. 37-43.

110. *Fêtes galantes*, „En sourdine": Ferme tes yeux à demi / Croise tes bras sur ton sein / Et de ton coeur endormi/ Chasse à jamais tout dessein.

111. In: Jean-Pierre Richard, *Poésie et Profondeur*, Paris 1955, S. 165-185.

112. *Jadis et naguère*, „Kaléidoscope": Un instant à la fois très vague et très aigu...

113. *Parallèlement*, „À la manière de Paul Verlaine": Agacé ce cœur fadasse exprès,...

114. Vladimir Jankélévitch, *De la musique au silence I. Fauré et l'inexprimable*, Paris 1974, S. 130; *La musique et ineffable*, Paris 1983, S. 59 u. 65.

115. *Sagesse* I, 22: Et la lumière crue / Découpant d'un trait noir / Tout chose apparue / Te montre le Devoir / En sa forme bourrue...

Glossar

a) Zhong   中   ben   本

b) Shen wei zhi   深味之

c) Chun yi bu yi zhi miao   纯亦不已之妙

d) Dan hu qi wu wei   淡乎其无味

e) Wei wu wei   味无味

f) Dan   淡

g) Qi   齐

h) De   德

i) Gan-tong   感通

j) Cheng 成

k) Junzi zhi dao, dan er bu yan 君子之道，淡而不厌

l) Junzi hi jiao dan ruo shui, xiao ren zhi jiao gan ruo li
君子之交淡若水，小人之交甘若醴

m) Xin
信

n) Tian ming zhi wei xing 天命之谓性

o) Cai xing 才性

p) Pin 品

q) Ping dan wu wei 平淡无味

r) Pian 偏

s) Cong ming 聰明

t) Jing 精

u) Wu chang ji bei, bao yi dan wei 五常既备，包以淡味

v) Zheng 徵 shen 神 xiang 象

w) Xu er neng man, dan er you wei 虚而能满，淡而有味

x) Yi yin 遗音 *opposto a* ji yin 极音

189

y) Yi wei 遺味

z) Jingshen 精神 tong 通

a') Ben – mo 本末

b') Sheng – yin 声音 cf 大音希声

c') Yan 艳 *opposto a* qing xu 清虚

d') Xing 兴

e') Yu wei qu beo 余味曲包

f') Dan su 淡俗

g') Chong dan 冲淡

h') Pingdan suimei 平淡遒美

i') Zheng 正

j') Gan – dong 感动

k') Ren 仁

l') Gu dan you zhen wei 古淡有真味

m') Dan bo xian yuan 淡泊闲远

n') Qing li xian si ping dan 清丽闲肆平淡

o') Tiwei 体味

p') Cheng dan jing zhi 澄澹精緻

q') Bu ji bu li 不即不離

r') Xiang wai zhi xiang 象外之象 jing wai zhi jing 景外之景

s') Zhong Wang zhi ji, xiao san jian yuan 鍾王之迹，蕭散简逺

t') Gao feng jue chen 高风絶尘

u') Zhong *e* bian 中．边

v') KXian suan za zhong hao 咸酸杂众好

Zhong you zhi wei yong 中有至味永

w') Ren jian you wei shi qing huan 人间有味是清欢

x') Dan – nong 淡浓

y') Pingdan tianzhen 平淡天真

z') Chu guan pingdan, jiu shi shenming 初观平淡久视神明

INTERNATIONALER MERVE DISKURS

61   Foucault, Mikrophysik der Macht
67   Deleuze/Guattari, Rhizom
68   Deleuze/Foucault, Der Faden ist gerissen
69   Lyotard, Das Patchwork der Minderheiten
71   Cixous, Die unendliche Zirkulation des Begehrens
75   Lyotard, Intensitäten
77   Foucault, Dispositive der Macht
79   Baudrillard, Kool Killer oder Der Aufstand der Zeichen
80   Virilio, Fahren, fahren, fahren...
81   Baudrillard, Agonie des Realen
82   Irigaray, Das Geschlecht das nicht eins ist
83   Klossowski/Foucault/Blanchot/Deleuze, Sprachen d. Körpers
84   Deleuze, Ein Nietzsche-Lesebuch
87   Charles, John Cage oder Die Musik ist los
90   Virilio, Geschwindigkeit und Politik
95   Deleuze, Kleine Schriften
94   Cixous, Weiblichkeit in der Schrift
99   Godard, Liebe Arbeit Kino
100   Szeemann, Museum der Obsessionen
101   W.Müller (Hg.), Geniale Dilletanten
102   Lyotard, Affirmative Ästhetik
104   Heiner Müller, Rotwelsch
105   Bonito Oliva, Im Labyrinth der Kunst
112   Baudrillard, Laßt Euch nicht verführen!
113   Barthes, Cy Twombly
114   Lotringer, New Yorker Gespräche
116   Virilio/Lotringer, Der reine Krieg
118   Fitzgerald, Der Knacks / Deleuze, Porzellan und Vulkan
121   Foucault, Von der Freundschaft
122   Cage/Charles, Für die Vögel
124   Böhringer, Begriffsfelder. Von der Philosophie zur Kunst
126   Veyne, Aus der Geschichte
127   Vuarnet, Der Künstler-Philosoph
128   Kneubühler, Wegsehen
129   Lyotard, Malerei u. Phil. i. Zeitalter ihres Experimentierens
132   Virilio, Ästhetik des Verschwindens
133   Foucault, Vom Licht des Krieges
134   Taubes, Ad Carl Schmitt. Gegenstrebige Fügung
135   Borngräber (Hg.), Berliner Design-Handbuch
136   Blixa Bargeld, Stimme frißt Feuer
137   Jeudy, Die Welt als Museum
138   Borges/Santiago/Casares, Die Anderen (Drehbuch)
139   Deleuze, Spinoza. Praktische Philosophie
140   de Certeau, Kunst des Handelns
141   Seitter, Das politische Wissen im Nibelungenlied
142   Hosokawa, Der Walkman-Effekt
143   Luhmann, Archimedes und wir
145   Ingold, Das Buch im Buch
146   Philosophie der neuen Technologie. ars electronica (Hg.)
147   Charles, Zeitspielräume. Performance Musik Ästhetik
148   Deleuze/Foucault u.a., Pariser Gespräche. Hg. F. Ewald
149   Virilio, Die Sehmaschine
151   Böhringer, Moneten. Von der Kunst zur Philosophie
152   ars electronica (Hg.), Im Netz der Systeme
153   Deleuze, Kants kritische Philosophie
154   Seitter, Versprechen, versagen
155   Acker, Ultra light-last minute-ex+pop-literatur
156   Baudrillard, Das Jahr 2000 findet nicht statt